新编高等院校应用型经济管理专业"十三五"创新系列精品规划教材

ERP沙盘模拟企业经营
ERP SHAPAN MO NI QIYE JINGYING

主　编　陈　明　姚培荣
副主编　韩　莉
参　编　张义明

 中国商业出版社

图书在版编目(CIP)数据

ERP 沙盘模拟企业经营/ 陈明,姚培荣主编. —北京:中国商业出版社,2018.3
ISBN 978-7-5208-0177-5

Ⅰ. ①E… Ⅱ. ①陈… ②姚… Ⅲ. ①企业管理-计算机管理系统 Ⅳ. ①F270.7

中国版本图书馆 CIP 数据核字(2018)第 011377 号

责任编辑:蔡 凯

中国商业出版社出版发行
010-63180647 www.c-cbook.com
(100053 北京广安门内报国寺 1 号)
新华书店经销
北京市兴怀印刷厂印刷
* * * * *
787×1092 毫米 1/16 11.5 印张 300 千字
2018 年 3 月第 1 版 2018 年 3 月第 1 次印刷

定价:45.00 元
* * * *
(如有印装质量问题可更换)

前　言

本教材依托用友新道ERP沙盘模拟系列产品，围绕"新创业者和新商战沙盘实训平台"电子沙盘软件在教学中的运用，以工作任务为导向，采用"教、学、做"一体化实践教学模式进行设计和编写，能够很好地满足ERP沙盘模拟企业经营课程的教学需要，同时也能满足ERP沙盘模拟经营大赛的培训指导。

本教材具有以下特点：①内容定位准确，针对性强，难易程度适当；②实施项目推进，任务驱动，突出能力培养，凸显职教特色；③体例新颖，结构合理，语言简洁易懂。

本教材主要内容包括创业基础、认识ERP沙盘、组建团队、物理沙盘经营、电子沙盘经营和制作EXCEL工具等六个任务模块，具体内容紧贴实际参赛过程，最后是2017年第九届山东省大学生科技节创新创业沙盘模拟经营大赛（高职组）暨第十三届全国职业院校"新道杯"沙盘模拟经营大赛山东省总决赛竞赛规则。

本书主编为山东经贸职业学院教师陈明、姚培荣，副主编为该校韩莉老师，参加编写的还有该校张义明老师。编写者皆为历年ERP沙盘模拟经营大赛获奖学生的指导教师。全书内容为指导教师多年教学、大赛指导经验的结晶，同时吸收了国内外有关专家、学者的研究成果。

本书适用于高职高专院校财经类、工商管理类等专业教学，也可作为中职学校同类专业教学用书和ERP沙盘模拟经营大赛培训用书。

由于编写人员阅历、水平所限，书中疏漏和不当之处在所难免，敬请有关专家和读者批评指正。

编者
2018年3月

目 录

项目一 创业基础 …………………………………………………………………… (1)
  任务 1.1 创业和创业精神 ………………………………………………………… (2)
  任务 1.2 创业者和创业团队 ……………………………………………………… (3)
  任务 1.3 创业计划书 ……………………………………………………………… (5)
  任务 1.4 企业设立 ………………………………………………………………… (7)

项目二 认识 ERP 沙盘 ……………………………………………………………… (19)
  任务 2.1 认识 ERP 沙盘 …………………………………………………………… (21)
  任务 2.2 ERP 沙盘重要性分析 …………………………………………………… (22)
  任务 2.3 ERP 沙盘的优越性 ……………………………………………………… (25)

项目三 组建团队 …………………………………………………………………… 27
  任务 3.1 班级分组 ………………………………………………………………… 28
  任务 3.2 组员定岗 ………………………………………………………………… 28
  任务 3.3 确定办公场所 …………………………………………………………… 30

项目四 物理沙盘经营 ……………………………………………………………… 31
  任务 4.1 物理沙盘用具 …………………………………………………………… 33
  任务 4.2 物理沙盘经营规则 ……………………………………………………… 38
  任务 4.3 物理沙盘模拟经营年 …………………………………………………… 41

项目五 电子沙盘经营 ……………………………………………………………… 72
  任务 5.1 创业者经营 ……………………………………………………………… 73
  任务 5.2 商战经营 ………………………………………………………………… 120

项目六 沙盘工具 …………………………………………………………………… 169

  任务6.1 简易EXCEL中职比赛工具 ……………………………………… 170

  任务6.2 高(中)职组比赛用表设计 ………………………………………… 170

参 考 文 献 …………………………………………………………………………… 172

项目一　创业基础

【能力目标】
➢ 掌握企业运营的基本流程；
➢ 熟悉市场分析的方式和方法；
➢ 掌握企业简单的资金预算包括的项目内容；
➢ 熟悉创业和创业精神；
➢ 掌握企业创业计划书的编写。

【项目引例】

坚守创业梦想，创造千万财富

刘春龙，男，山东鱼台县人，山东经贸职业学院会计系2012届毕业生。毕业后，他怀揣着青春创业的梦想回到农村老家，发展食用菌事业。

为了积累创业资金，他从零开始，先给当地的食用菌厂打工学技术、后又跑市场做销售，一次偶然的机会，他从市场上接触到了中国四大名菌之一的黑皮鸡枞菌，开启了他的创业之路。2014年3月，他投资3万多元建起了首个450平方米的黑皮鸡枞菌温室大棚，当年获纯利润2万多元，并注册了东山食用菌有限公司。2015年6月，刘春龙租赁了村民们的20多亩地，投资120多万元，建设了10座大拱棚种植黑皮鸡枞菌。2016年5月，刘春龙把种植规模扩大到160亩，销售各种蘑菇产品，年产值超过1000万元。

从小腿部残疾的刘春龙用瘦小的身躯，不仅撑起了自己的一片创业天空，同时也为本村及周边村庄40多位村民提供了家门口就业的机会。

任务1.1 创业和创业精神

1.1.1 创业的概念

创业是创业者积极地探寻机会、整合资源，充分利用机会，实现价值创造的过程。

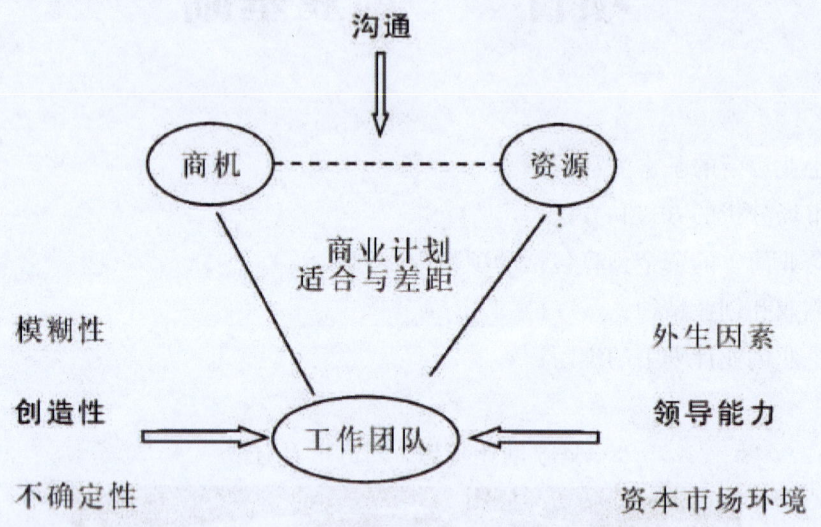

创业的要素：

第一，创业机会是创业过程的核心驱动力，创始人或创业团队是创业过程的主导者 资源是创业成功的必要保证。

第二，创业过程是商业机会、创业者和资源三个要素匹配和平衡的结果。

第三，创业过程是一个连续不断的寻求平衡的行为组合。

按照创业者的创业动机，可将创业分为生存型和机会型。

生存型创业——创业者把创业作为其不得不做出的选择。

机会型创业——创业者把创业作为其职业生涯中的一种选择。

1.1.2 创业的精神

创业精神是发展着的，是同风险、创新、机会等联系在一起的，指的是善于捕捉和利用机会，敢于承受必须的风险，为创造某种新的价值，努力发挥创造力、实现创新的一种勇往直前的文化与心理过程。要满足创业精神的实现，创业者应满足一下五点基本要求：

1、诚信——诚实＋守信，是创业者具备的基本素质；诚信是人最基本的财富，也是人最容易失去的财富。

2、坚毅——坚持＋毅力，成功的必备因素；要想成功，最笨的办法就是的坚持，量变产生质变；毅力是坚持的主观因素，坚持是毅力的外在表现。

3、责任心——责任心是荣誉感的外在表现,有荣誉感的人都会表现出很强的责任心。荣誉感是认同某个团队或者组织文化价值观的个人意志,最常见就是班级荣誉感、学校荣誉感、家乡荣誉感等,也是执行动力的源泉之一。

4、团结——1+1不等于2,1+1大于等于3。随着社会的发展,在这个信息时代,不会团结的人就不会工作。

5、创新——创新是思想的火花,是照亮企业前进的启明星。创新是建立在大量积累的基础上,没有积累的创新是很难经的起考验的!

任务1.2 创业者和创业团队

1.2.1 创业者界定

在企业界,创业者通常被定义为组织、管理一个生意或企业并承担其风险的人,有两个基本含义:一是指企业家;二是指创始人。看出创业者都要有冒险精神,承担一定风险负担一定责任。

狭义的创业者是指参与创业活动的核心人员。广义的创业者是指参与创业活动的全部人员,创业者可能更多地以团队的形式出现,现实生活中团队形式原来越多。不管是创业还是就业,都必须要有主人翁的精神来承担一定的相关责任,实现自己主观能动性。现实中一个人在企业的地位,取决于能为公司解决多大的问题。不管创业还是就业,找出所在企业平台的问题为之解决,这是员工的价值所在。抱怨是员工最为无能的表现。

1.2.2 创业者素质

1、吃苦精神

创业的成功需要吃苦耐劳的执着精神。

25岁的霍英东抛妻别子,率领100多人到人迹罕至荒岛上采集"海人草",第一支队伍因畏艰苦作鸟兽散。第二支队伍同样因受不了那份苦中苦,半途而废。霍英东又第三次拉起队伍,继续不屈不挠地开拓。这段经历,足以让霍英东将人世间一切苦难视为小菜一碟。

2、冒险意识

创业者需要面对整个价值链上的所有环节,需要超强的领导能力,带领团队一起去冒险。

3、商业品德

诚信,就是基本的商业品德,也是企业发展持久必须具备的素质。

4、自信自强

创业者往往拥有比常人更强的自信,这让他们能克服重重困难。

5、自主创新

仔细分析一下，大多数成功创业者都善于创新思维，比其他人更能够寻找或捕捉并把握住创业机会。

创业者要具有独立性创业思维能力，不受舆论和环境的影响，选择自己的创业道路，善于设计和规划自己的未来，并采取相应的创业行动。

1.2.3 创业团队

创业团队指由两个或两个以上具有一定利益关系的、彼此间通过分享认知和合作行动以共同承担创建新企业责任的、处在新创企业高层主管位置的人共同组建形成的有效工作群体进行的创业。

创业团队组建程序

1、明确创业愿景和目标

所谓创业团队的共同愿景，是指这个组织中所有成员所共同发自内心的意愿，能够激发所有成员为实现这一共同愿望而奉献全部的精力，完成共同的任务、事业或使命。真正的共同愿景能激活每个人的愿望并产生共鸣，使全体成员紧紧地连在一起，能淡化人与人之间的个人利益冲突，从而形成一种巨大的凝聚力。

2、制定创业计划

创业计划是在对创业目标进行具体分解的基础上，以团队为整体来考虑的计划，创业计划确定了在不同的创业阶段需要完成的阶段性任务，通过逐步实现阶段性子目标来最终实现创业的总目标。

3、招募合适的伙伴

寻找合作伙伴——条件：相互信任、相互补充。寻找合作伙伴要有互补性，你会做的，我不会做；你不会的，我会。我们在一起，就能做成大事！

亲密的朋友并不等于最理想的合作伙伴。

寻找合作伙伴——家人：

夫妻店
潘石屹与张欣
SOHO公司
1995年

父子兵
茅理翔与茅忠群
方太厨具公司
1996年

兄弟班
刘永言，刘永行，
陈育新（刘永美），
刘永好
希望集团
1991年

寻找合作伙伴——同学、朋友、同事、战友

同学 戴维·帕卡德和比尔·休利特 HP 1939年

朋友 比尔·盖茨和保罗·艾伦 Microsoft 1975年

同事 杨致远和大卫·费罗 YAHOO 1995年

任务1.3 创业计划书

纸上得来终觉浅，绝知此事要躬行。躬行十分重要，但是在行动之前做好筹划十分必要。

1.3.1 创业计划的含义

计划是在做某件事情之前考虑和谋划如何去做这件事情。创业计划则是考虑和谋划在创业阶段需要做哪些事情。

对与企业相关的内外部环境条件和要素特点进行深入分析，为企业业务发展制定行进路线，这就是创业计划。

1.3.2 创业计划的作用

1、检验创业构思

谁会购买本公司的产品或服务

竞争对手最可能是谁

企业运转需要花费多少时间和金钱

企业是否会盈利

2、规划发展路径

确定目标客户

辨明竞争态势

规划市场范围

制定营销策略

3、创业融资

让投资商了解创业项目
让投资商对创业项目充满信心
让投资商对创业项目产生投资兴趣
让投资商对创业项目投资
4、寻找合作伙伴。
告诉合作伙伴自己是谁以及想做什么辨明竞争态势
告诉员工，公司的使命、愿景规划和价值观
5、争取政府和政策支持
各级政府部门都在以各种形式扶持创业者
长久性的扶持与临时性的扶持
经济性扶持与政策性扶持
争取到这些扶持必须借助完整的创业计划

1.3.3 大学生创业计划常见问题

1、想当然
缺乏科学的市场调查
对市场规模想当然
对生产成本想当然
对盈利水平想当然
2、过于乐观
缺乏对市场竞争残酷性的心理准备
对产品的技术先进性过于乐观
对产品的市场接受过于乐观
3、条件不足
创业者本身不具备创业的基本条件：知识储备、商业意识、时间精力、初始资金等等。

1.3.4 创业计划的内容与结构

1、创业基本情况，包括创业者和企业的。
2、企业战略计划
3、产品与服务
4、市场分析
5、营销计划
6、生产运营
7、财务分析

8、管理团队

9、风险及规避

任务1.4 企业设立

1.4.1 注册公司行业名称及经营范围大全

企业经营范围分为许可经营项目和一般经营项目：

1、许可经营项目是指企业在申请登记前依据法律、行政法规，国务院决定应当报有关部门批准的项目，即是需要办理前、后置许可证的项目。

2、一般经营项目是指不需批准，企业可以自主申请的项目。以下是我公司代理的企业常用经营范围，以提供给您参考。

声明：经营范围请依据《中华人民共和国GB行业标准》及相关企业登记法律法规确定，受托方仅提供参考意见，最终确定以工商登记机关核准为主。

注册公司行业名称及经营范围(一)贸易类

行业名称：商贸、贸易、工贸、电器、服饰、纸业、文化用品、酒店用品、食品等。

经营范围：日用百货、化妆品、珠宝、化工原料及产品(除危险品)、化学品、纺织原料(除棉花)、针纺织品、服装鞋帽、床上用品、厨具、工艺礼品(除金、银)、玩具、五金交电、办公设备、文化办公用品、建身器材及设备、塑料制品、皮革制品、文体用品、酒店用品、劳防用品(除专控)、花卉、纸浆、文化用纸、印刷器材及用品(除油墨)、饲料、橡胶制品、包装材料、生物制品、原生中草药、香料等。

(办理卫生许可证及酒类许可证)：

农副产品、定型包装食品、定型饮料、定型包装保健品、糖果、糕点、膨化食品、奶制品、茶叶、食用油、土特产品、南北货、食品添加剂、瓶装酒等。

注册公司行业名称及经营范围(二)贸易类

行业名称：商贸、贸易、工贸、电子、建材、计算机、电子、电器、医疗设备、口腔设备等。

经营范围：电子产品、教学仪器、照明产品、交通器材、电线电缆、微电子产品、家用电器、仪器、仪表、机电设备、电子元器件、制冷设备、通讯设备、通讯产品、计算机及配件、电脑周边设备、打印设备、电脑耗材、计算机软件、数码产品、网络游戏点卡、实验室设备、船舶配件。

(办理医疗许可证)：

ⅠⅠ类：医用X射线设备、医用超声仪器及有关设备、手术室、急救室、诊疗室设备及器具、临床检验分析仪器及诊断试剂、体外循环及血液处理设备、Ⅱ、Ⅲ类：口腔科材料、Ⅱ类：医用化验和基础设备器具、Ⅲ类：医用X射线设备附属设备及附件、口腔科设备及器具、消毒和灭菌设备及器具(凭资质)

注册公司行业名称及经营范围(三)贸易类

行业名称:商贸、贸易、工贸、建材、音响、汽车、安防、消防、电力、空调、电子等。

经营范围:消防器材、消防设备、电力设备、安防产品、安防监控系统设备、节能产品、中央空调设备、制冷设备、压缩机及配件、测量仪器、工程机械配件、管道配件、机械设备、无尘设备、过滤器材、舞台灯光、音响、广播视频会议系统、安防监控系统、调光系统、衡器设备(凭资质)视频、音频网络设备、电教设备、电动工具、汽车、摩托车、农用车及其零配件、汽车美容品、汽车装饰材料、电动自行车、电动车配件、自行车钢材。建筑材料、装饰材料、金属材料(除钨、锑、锡、黄金)、矿产品、建筑装饰材料。水暖器材、陶瓷制品、卫生洁具。

注册公司行业名称及经营范围(四)服务类

行业名称:企业管理咨询,企业策划,商务咨询,商务(信息)服务,酒店管理咨询,翻译服务,航空服务,票务,房地产信息(投资)咨询,文化咨询,教育信息咨询,二手车鉴定评估,投资,国际货运代理。

经营范围:企业管理咨询,商品信息咨询,市场调研,企业营销策划,企业形象策划,企业项目咨询,礼仪服务,会议、会展服务,商品价格信息咨询,商品消费信息咨询,市场投资咨询;酒店管理咨询,酒店人力资源开发,文化艺术策划,文化交流活动;房地产投资咨询,房地产信息咨询,房地产评估咨询,房地产商品交易,居间、代理、行纪;各语种翻译服务;运输信息咨询,旅游信息咨询,代订车票、机票及酒店客房,庆典活动策划,各类文艺晚会策划服务,舞台艺术造型策划,企业内部培训,航空货运咨询;文化交流的咨询,外文翻译服务,国内婚姻介绍;幼儿教育信息咨询,家教服务;二手车鉴定、评估,机动车代理登记,二手车交易,汽车贷款信息咨询;对物业管理、酒店、建筑工程、园绿化工程、小区智能化工程、监控安防工程的投资;(1000万元)承办海上、航空、陆路进出口货物的国际运输代理业务,快递服务。(不含信函及具有信函性质的物品)

注册公司行业名称及经营范围(五)技术类

一、行业名称:建筑设计咨询;工程信息咨询;园林景观设计;爆破科技。

经营范围:室内外装饰、装修工程设计,工程信息咨询服务,工程机械租赁,测量仪器维修,工程招标咨询,公路施工工程咨询,建筑规划设计咨询,室内装潢设计咨询,建筑工程咨询,园林绿化工程咨询,装饰工程咨询,工程造价咨询,工程招投标代理;(凭资质证)园林景观设计咨询;爆破工程技术咨询。

二、行业名称:广告,广告策划,影视文化传播。

经营范围:设计、制作、代理、发布国内各类广告;(凭资质)影视文化产业项目的策划与开发,大型影视文化活动的策划与实施,影视产品的交流、交易。

三、行业名称:计算机科技,网络技术。

经营范围:计算机软硬件销售及技术开发、技术转让、技术服务,计算机维修及维护服务,弱电工程设计安装,综合网络布线,系统集成,网页设计与安装,电脑平面设计,美术设计制作，电脑图文设计、制作，绘图，网络技术开发、技术转让、技术咨询、技术服务，电子科技领域内技术开发、技术转让及咨询服务，安防技术。

注册公司行业名称及经营范围(六)技术类

行业名称：生物科技，影音科技发展，农业科技，医药科技开发，中草药，林业科技，生物能源。

经营范围：生物制品的研究，开发及技术转让、技术服务，现代农业饲养，养殖业投资；电影院构建咨询、策划、管理、推广及相关电影院设备的销售，专业电影院、影剧院系统工程的设计、配套、安装、调试；(凭资质)农业项目咨询，项目咨询，轻工业项目咨询，农业技术开发、转让，农副产品加工技术开发、研究、转让，药品技术开发、技术咨询、技术转让、技术推广服务，医药研究与试验发展咨询服务，药品注册申请服务；医药科技项目申报服务，医药政策法规咨询服务，保健食品技术开发咨询服务，新药产品上市策划咨询服务，新药学术推广服务，中药材种植，医学类会议组织策划，医药行业投资咨询，原生中草药营销，中草药新产品开发，技术转让、技术咨询、服务；植树造林，林业机械种植、机耕、挖穴、花卉；(凭资质)再生能源技术开发；(具备经营场地后方可经营)。

注册公司行业名称及经营范围(七)技术类

行业名称：测量，工程建设，汽车维修服务，装修，基础工程，建筑防水工程，房地产开发，物业管理，保洁服务。

经营范围：工程测量，地形测量，地籍测量，管线测量，房产测量；(凭资质)市政工程，水电安装工程，园林绿化工程，水景喷泉，草种喷播，苗木种植与销售；(凭资质)汽车一、二级维护及小修；(凭道路运输经营许可证经营)室内外装饰工程、基础工程新技术开发，深坑降水，滑坡治理，大坝防渗，隧道棚灌，软基加固，地下车库工程的设计及技术开发；(凭资质)建筑防水工程，建筑防水、防腐、保温装饰材料的销售、开发、研制及售后服务，技术转让；(凭资质)房地产开发经营；(凭资质)物业管理；(凭资质)清保洁，外墙清洁(除高空作业)，地毯清洗，空调清洗，疏通堵漏，风管清洗，石材保养翻新，厨房设备清洗，家居清洗保养。

1.4.2 企业设立

企业名称预先核准申请书

注：请仔细阅读本申请书《填写说明》，按要求填写。

□企业设立名称预先核准		
申请企业名称		
备选企业字号	1. 2. 3.	
企业住所地	_____省（市/自治区）_____市（地区/盟/自治州）_____县（自治县/旗/自治旗/市/区）	
注册资本（金）	_____万元	企业类型
经营范围		
投资人	名称或姓名	证件号
□已核准名称项目调整		
已核准名称		通知书文号
拟调整项目	原申请内容	拟调整内容

续表

□已核准名称延期			
已核准名称		通知书文号	
原有效期		有效期延至	_____年_____月_____日
指定代表或者共同委托代理人			
具体经办人姓名		身份证件号码	联系电话
授权期限		自　　年　　月　　日至　　年　　月　　日	

授权权限 1、同意□不同意□核对登记材料中的复印件并签署核对意见；
　　　　 2、同意□不同意□修改有关表格的填写错误；
　　　　 3、同意□不同意□领取《企业名称预先核准通知书》。

（指定代表或委托代理人、具体经办人身份证件复印件粘贴处）

申请人签字或盖章	
	年　　月　　日

企业名称预先核准申请书填写说明

注: 以下"说明"供填写申请书参照使用，不需向登记机关提供。

1、本申请书适用于所有内资企业的名称预先核准申请、名称项目调整、名称延期申请等。

2、向登记机关提交的申请书只填写与本次申请有关的栏目。

3、申请人应根据《企业名称登记管理规定》和《企业名称登记管理实施办法》有关规定申请企业名称预先核准，所提供信息应真实、合法、有效。

4、"企业类型"栏应根据以下具体类型选择填写:有限责任公司、股份有限公司、分公司、非公司企业法人、营业单位、企业非法人分支机构、个人独资企业、合伙企业。

5、"经营范围"栏只需填写与企业名称行业表述相一致的主要业务项目，应参照《国民经济行业分类》国家标准及有关规定填写。

6、申请企业设立名称预先核准、对已核准企业名称项目进行调整或延长有效期限的，申请人为全体投资人。其中，自然人投资的由本人签字，非自然人投资的加盖公章。

7、在原核准名称不变的情况下，可以对已核准名称项目进行调整，如住所、注册资本（金）等。

8、《企业名称预先核准通知书》的延期应当在有效期期满前一个月内申请办理，申请延期时应缴回《企业名称预先核准通知书》原件。投资人有正当理由,可以申请《企业名称预先核准通知书》有效期延期六个月,经延期的《企业名称预先核准通知书》不得再次申请延期。

9、指定代表或委托代理人、具体经办人应在粘贴的身份证件复印件上用黑色钢笔或签字笔签字确认"与原件一致"。

10、"投资人"项及"已核准名称项目调整"项可加行续写或附页续写。

11、申请人提交的申请书应当使用 A4 型纸。依本表打印生成的,使用黑色钢笔或签字笔签署;手工填写的,使用黑色钢笔或签字笔工整填写、签署。

公司登记(备案)申请书

注:请仔细阅读本申请书《填写说明》,按要求填写。

□基本信息			
名称			
名称预先核准文号/注册号/统一社会信用代码			
住 所	_____省(市/自治区)_____市(地区/盟/自治州)_____县(自治县/旗/自治旗/市/区)_____乡(民族乡/镇/街道)_____村(路/社区)_____号		
生产经营地	_____省(市/自治区)_____市(地区/盟/自治州)_____县(自治县/旗/自治旗/市/区)_____乡(民族乡/镇/街道)_____村(路/社区)_____号		
联系电话		邮政编码	
□设立			
法定代表人姓名		职务	□董事长 □执行董事 □经理
注册资本	_____万元	公司类型	
设立方式(股份公司填写)	□发起设立		□募集设立
经营范围			
经营期限	□___年 □长期	申请执照副本数量	___个

□变更		
变更项目	原登记内容	申请变更登记内容

□备案				
分公司 □增设 □注销	名 称		注册号/统一 社会信用代码	
	登记机关		登记日期	
清算组	成 员			
	负责人		联系电话	
其 他	□董事 □监事 □经理 □章程 □章程修正案 □财务负责人 □联络员			

□申请人声明
本公司依照《公司法》、《公司登记管理条例》相关规定申请登记、备案,提交材料真实有效。通过联络员登录企业信用信息公示系统向登记机关报送、向社会公示的企业信息为本企业提供、发布的信息,信息真实、有效。 　　法定代表人签字:　　　　　　　　　　　　　　　　　　　　公司盖章 　　(清算组负责人)签字:　　　　　　　　　　　　　　　　年　月　日

附表1

法定代表人信息

姓 名		固定电话	
移动电话		电子邮箱	
身份证件类型		身份证件号码	

（身份证件复印件粘贴处）

法定代表人签字：　　　　　　　　　　　　　　　年　　月　　日

附表2

董事、监事、经理信息

姓名_____职务_____身份证件类型_____身份证件号码_____
（身份证件复印件粘贴处）
姓名_____职务_____身份证件类型_____身份证件号码_____
（身份证件复印件粘贴处）
姓名_____职务_____身份证件类型_____身份证件号码_____
（身份证件复印件粘贴处）

附表3

股东(发起人)出资情况

股东(发起人)名称或姓名	证件类型	证件号码	出资时间	出资方式	认缴出资额(万元)	出资比例

附表4

财务负责人信息

姓 名		固定电话	
移动电话		电子邮箱	
身份证件类型		身份证件号码	
（身份证件复印件粘贴处）			

附表5

联络员信息

姓 名		固定电话	
移动电话		电子邮箱	
身份证件类型		身份证件号码	
（身份证件复印件粘贴处）			

注：联络员主要负责本企业与企业登记机关的联系沟通，以本人个人信息登录企业信用信息公示系统依法向社会公示本企业有关信息等。联络员应了解企业登记相关法规和企业信息公示有关规定，熟悉操作企业信用信息公示系统。

公司登记(备案)申请书填写说明

注：以下"说明"供填写申请书参照使用，不需向登记机关提供。

1. 本申请书适用于有限责任公司、股份有限公司向公司登记机关申请设立、变更登记及有关事项备案。

2. 向登记机关提交的申请书只填写与本次申请有关的栏目。

3. 申请公司设立登记，填写"基本信息"栏、"设立"栏和"备案"栏有关内容及附表1"法定代表人信息"、附表2"董事、监事、经理信息"、附表3"股东(发起人)出资情况"、附表4"财务负责人信息"、附表5"联络员信息"。"申请人声明"由公司拟任法定代表人签署。

4. 公司申请变更登记，填写"基本信息"栏及"变更"栏有关内容。"申请人声明"由公司原法定代表人或者拟任法定代表人签署并加盖公司公章。申请变更同时需要备案的，同时填写"备案"栏有关内容。申请公司名称变更，在名称中增加"集团或(集团)"字样的，应当填写集团名称、集团简称(无集团简称的可不填)；申请公司法定代表人变更的，应填写、提交拟任法定代表人信息(附表1"法定代表人信息")；申请股东变更的，应填写、提交附表3"股东(发起人)出资情况"。变更项目可加行续写或附页续写。

5. 公司增设分公司应向原登记机关备案，注销分公司可向原登记机关备案。填写"基本信息"栏及"备案"栏有关内容，"申请人声明"由法定代表人签署并加盖公司公章。"分公司增设/注销"项可加行续写或附页续写。

6. 公司申请章程修订或其他事项备案，填写"基本信息"栏、"备案"栏及相关附表所需填写的有关内容。申请联络员备案的，应填写附表5"联络员信息"。"申请人声明"由公司法定代表人签署并加盖公司公章；申请清算组备案的，"申请人声明"由公司清算组负责人签署。

7. 办理公司设立登记填写名称预先核准通知书文号，不填写注册号或统一社会信用代码。办理变更登记、备案填写公司注册号或统一社会信用代码，不填写名称预先核准通知书文号。

8. 公司类型应当填写"有限责任公司"或"股份有限公司"。其中，国有独资公司应当填写"有限责任公司(国有独资)"；一人有限责任公司应当注明"一人有限责任公司(自然人独资)"或"一人有限责任公司(法人独资)"。

9. 股份有限公司应在"设立方式"栏选择填写"发起设立"或者"募集设立"。有限责任公司无需填写此项。

10. "经营范围"栏应根据公司章程、参照《国民经济行业分类》国家标准及有关规定填写。

11. 申请人提交的申请书应当使用A4型纸。依本表打印生成的，使用黑色钢笔或签字笔签署；手工填写的，使用黑色钢笔或签字笔工整填写、签署。

(以上信息来源：潍坊市工商局网站)

项目二 认识ERP沙盘

【能力目标】
➢ 认识ERP沙盘模拟；
➢ 熟悉ERP沙盘教学的重要性；
➢ 认识ERP沙盘的优越性；

【项目引例】

家庭农场圆农村女大学生创业梦

"一个女大学生，不去城里找份轻松的工作挣钱，读了那么多书还要面朝黄土背朝天的种地刨泥巴，脑壳是不是进水了。"这段时间，在四川省长宁县开佛镇顺河村，大学生马平辞职回乡发展家庭农场，成为村民们茶余饭后热门的话题。

她从小有一个属于农村的梦。她不想让土地荒芜，不愿让农村那满眼的绿色凋零，"我要用知识、技术改变农村的落后面貌，带动越来越多的乡亲走上致富路。"马平大学毕业后，为了更多积累知识经验,她带着学习实践的目的,应聘到一家生物工程技术有限公司,担任公司园林基地技术员。

2012年5月,马平回到了长宁县开佛乡顺河村老家,种下自己的梦——开办家庭农场。

马平从规划到筹备,再到具体实施,深刻领会到了"万事开头难"。马平说,从承包土地、整理土地、购买繁育种苗所需的物资,再到下种,后期的种苗管理,事情纷繁复杂。而为了掌握关键技术,整个过程马平都亲力亲为不敢有半点马虎,常常是半夜了还在计划着明天的工作,天刚亮就又得赶紧下地干活,忙的时候甚至巴不得能多长出一双手来。"身体上的劳累并不是最大的问题,最大的问题是来自家里人的不谅解和左邻右舍的议论与异样的眼光。"马平说,走到地里,看到那一颗颗嫩嫩的苗,向着阳光努力的伸展自己身姿,她的心就变的好软,自己所有的辛苦也就都不算什么了。

马平相信,付出总会有回报,她承包这片土地一定会刨出"金娃娃"的。

2012年年底,新一届的国家领导人习近平提出了伟大中国梦,中央又连续多年在中央一号文件中都相当重视"三农"工作,今年还专门强调要发展适度规模的专业合作社以及家庭农场,这无疑为"三农"工作注入了一剂强心剂。当马平读完中央一号文件之后,看到国家对农业的高度重视更加坚定了她实现梦想的信心,"我不仅要创业,而且要创好业"。于是在2013年8月初,马平注册成立了长宁县佛来曦园家庭农场,采用家庭经营为主的形式,实现绿色、生态、高效的农业致富路,从而带动更多的人共同努力实现各自的梦。[以上图片文字来源于网络]

任务 2.1　认识 ERP 沙盘

2.1.1 ERP 沙盘含义

ERP 沙盘，是企业资源规划(Enterprise Resource Planning)沙盘的简称，也就是利用实物沙盘直观、形象地展示企业的内部资源和外部资源。通过 ERP 沙盘可以展示企业的主要物质资源，包括厂房、设备、仓库、库存物料、资金、职员、订单、合同等各种内部资源；还可以展示包括企业上下游的供应商、客户和其他合作组织，甚至为企业提供各种服务的政府管理部门和社会服务部门等外部资源。一般来说，ERP 沙盘展示的重点是企业内部资源。

2.1.2 ERP 沙盘的由来

瑞典皇家工学院的 KlasMellan 于 1978 年开发了企业运营沙盘模拟课程，其特点是采用体验式培训方式，遵循"体验—分享—提升—应用"的过程达到学习的目的。最初该课程主要是从非财务人员的财务管理角度来设计的，之后被不断改进与完善，针对职业如 CEO，CFO，等职位的沙盘演练课程被相继开发出来。目前"沙盘演练"的课程被世界 500 强的企业作为中高层管理者的必上培训课程之一，也被欧美的商学院作为 EMBA 的培训课程。

2.1.3 ERP 沙盘模拟

ERP 沙盘模拟，就是把 ERP 思想、企业经营管理理念、沙盘推演等内容相结合，把受训人员分成几家企业进行角色体验的平台。角色体验人员，分别有人担任总经理、财务总监、营销总监、生产总监、采购（物流）总监、市场总监、会计总监等职务，人员分别归属于控制中心、财务中心、生产中心、物流中心、营销中心等职能中心。职能中心和相应的人员，需要对战略规划、资金筹集、市场营销、产品研发、生产组织、物资采购、设备投资与改造、财务核算与管理等工作进行负责。

所有企业在同样一个公平的市场环境、相同的客户群、同样的经营规则中进行企业模拟经营。受训人员需要进行分析市场、制定战略、营销策划、组织生产、财务管理等一系列活动，以实现企业正常发展，避免破产淘汰。

"ERP 沙盘模拟"是在充分调研了 ERP 培训市场需求的基础上，汲取了国内外咨询公司和培训机构的管理训练课程精髓而设计的企业经营管理实训课程。ERP 沙盘模拟课程的展开就是针对一个模拟企业，把该模拟企业运营的关键环节：战略规划、资金筹集、市场营销、产品研发、生产组织、物资采购、设备投资与改造、财务核算与管理等几个部分设计为 ERP 沙盘模拟课程的主体内容，把企业运营所处的内外部环境抽象为一系列的规则，由学生组成若干个相互竞争的模拟企业，通过模拟企业六年左右的经营，使学生在分析市场、制订战略、营销策划、组织生产、财务管理等一系列活动中，参悟科学的管理规律，全面提升管理能力。在瞬息万变的环境中为自己的企业制定规划，付诸实施，并在生存中求得发展。

任务2.2　ERP沙盘重要性分析

"ERP沙盘模拟"搭建起独特的、生动的、可模拟的现实企业管理、经营的应用平台，学生在实验过程中扮演不同的角色，以切实的方式体会深奥的商业思想——他们看到并触摸到商业运作的方式，为学生创造出逼真的经营模拟环境。通过体验式教学，让学生足不出校就可以了解和掌握现代企业管理的知识与技能。而通过模拟沙盘进行培训增强了娱乐性，通过游戏进行模拟可以激起参与者的竞争热情，让他们有学习的动机——获胜！

在ERP实战模拟实验室中企业结构和管理的操作全部展示在模拟沙盘上，将复杂，抽象的经营管理理论以最直观的方式让学生体验、学习，使枯燥的课程变得生动有趣，通过游戏进行模拟激起参与者的学习动机，同时由于模拟是互动的，当学生对游戏过程中产生的不同观点进行分析时，需要不停地进行探讨，除了学习商业规则和财务语言外，能够增强学生的沟通技能，学会如何以团队的方式工作。

"ERP沙盘模拟"课程一经推出，就以其科学、简易、实用、趣味的设计为大家所关注，其体验式教学方式成为继传统教学及案例教学之后教学创新的典范。"ERP沙盘模拟"以教育理念创新与教学方法及工具创新，搭建教师"启发式"教授与学生"体验式"学习的平台。形成一个有效的学生理念、价值取向、知识结构与能力训练培养的系统，使学生能够在这个连续的不断递进的"体验式"训练过程中，通过不断的探索、感悟、修正，以形成良好的思维意识和行为习惯，增强决策能力与团队合作精神，最终达到提升学生综合素质与企业信息化管理的必备知识与技能的教学目的。

2.2.1　多方位拓展知识体系，提升管理技能

传统教育划分了多个专业方向，学习者只能择其一而修，专业壁垒禁锢了学习者的发展空间和思维方式。ERP沙盘模拟课程将管理学、市场营销学、财务管理学、会计学、财务分析、心理学、计算机技术与应用、会计信息系统等多门学科的知识结构通过一个小小的沙盘整合成了一个完整的知识体系，并通过模拟实战的方法将专业知识用于企业经营实践，具有鲜明的操作性、时代性和前沿性，是对企业经营管理的全方位展现，通过学习，可以使学生在以下方面获益。

1. 整体战略方面

公司战略就是指规划公司目标以及为达到这一目标所需资源的取得、使用和处理方略。它是企业为了适应未来环境的变化，寻求长期生存和稳定发展而制定的总体性和长远性的谋划。成功的企业一定有着明确的企业战略，包括产品战略、市场战略、竞争战略及资金运用战

略等。

每一个部门都要统一理解公司的战略路线,并在战略路线的指导下,合理分配各部门资源。生产和人力资源部门就要根据战略路线配比各期的产能,营销部门就要根据战略路线确定各期市场竞争思路,财务部门则要根据战略路线调节和平衡各期现金流量等等。

从最初的战略制订到最后的战略目标实现与分析,经过几年的迷茫、挫折、探索、争论与总结,学习者将学会用战略的眼光看待企业的业务和经营,保证业务与战略的一致,在未来的工作中更多地获取战略性成功而非机会性成功。

2. 营销管理

市场是实现产品价值和剩余价值的唯一场所。马克思把商品的销售称作"惊险的跳跃",这个跳跃完成得好,不仅企业的各项耗费可以得到补偿,还可能得到丰厚的利润,否则企业的生存都会遇到困难。市场营销就是企业用价值不断来满足客户需求的过程。企业所有的行为、所有的资源,无非是要满足客户的需求。模拟几年的市场竞争对抗,学生将学会如何分析市场、关注竞争对手、把握消费者需求、制订营销战略、定位目标市场,制订并有效实施销售计划,达成企业战略目标。通过实战操作,不仅能使学生了解企业在市场营销中需要管理的内容与方法,还能在实际工作中灵活应用取得最好的效果。

3. 经营管理

所谓经营,是指经济的运营,具体到一个企业就是企业所拥有的资源以不同的价值形态在企业内部周而复始地循环与增值的过程。而管理就是管辖治理,就是企业的不同部门把自己所负责的工作做好的同时,对各自管辖范围的顺利衔接进行理顺的行为。所以我们把采购管理、生产管理、质量管理统一纳入到经营管理领域,则与经营管理相关的新产品研发、市场开拓、物资采购、设备购置、生产运作管理、市场销售、品牌建设一系列问题背后的一系列决策自然地呈现在学习者面前,它跨越了专业分隔、部门壁垒。学习者不仅要考虑到何时开始安装新生产线、何时开始淘汰旧生产线、何时研发与投产何种产品、使用哪个厂房、各种生产线的比例应如何搭配等,还要考虑市场需求量、本公司的市场份额、财务承受能力各方面的影响因素。通过学习,学习者将充分运用所学知识、积极思考,在不断的成功与失败中获取新知。

4. 财务管理

财务既能够对整个企业的经营业绩和财务状况进行评价,同时财务分析对企业经营和投资过程中的决策又是至关重要。在沙盘模拟过程中,要从投资计划的制定与实施对财务上的影响上入手,主要体现在以下六个方面:

(1)制定投资计划,评估应收账款金额与回收期。分析在沙盘模拟中本企业对把握资金流的长期规划的程度,预计现金的流入和流出的准确性如何,其投资回收期是否准确,资金是否出现战略上大的缺口等。

(2)预估长、短期资金需求,寻求资金来源。要总结模拟企业的资金具体来源于哪里,如何取得这些来源,其每个资金来源渠道能够筹集的资金额度是多少,在哪个时点上筹资,其代价又是多大？

（3）掌握资金来源与用途，妥善控制成本。财务总监要深入分析其资金的来源与用途是否匹配有否存在滥用资金的现象，特别是在资金占用情况最为突出的生产过程中，如固定资产与厂房的购置，原材料的采购等。

（4）制定预算。通过对资金、信息的整合等，能够实现资源的合理配置、作业的高度协同、战略有效贯彻、经营持续改善、价值稳定增长的目标。

（5）实施及时、准确、可靠的会计核算，为管理层战略战术的调整提供适时的数据支持。管理需要数据的支持，决策需要数据的论证。当市场环境发生剧变，或者你的竞争对手的经营现状超出你的预期时，又或者你先前花费大量心思与精力制定的战略被你的竞争对手"窃取"时，你的公司就会面临着改变经营战略或者战术的决策，这时及时、准确、可靠的会计数据会成为公司走出困境，扭转乾坤的最有力的杠杆。

（6）分析财务报表、运用财务指标进行内部诊断，协助管理决策。这就要求学员能够清楚掌握资产负债表、利润表的结构；掌握资本流转如何影响损益；通过"杜邦模型"解读企业经营的全局；预估长短期资金需求，以最佳方式筹资，控制融资成本，提高资金使用效率；理解现金流对企业经营的影响。

5. 人力资源管理

沙盘模拟有助于学生形成宏观规划、战略布局的思维模式。通过这一模拟，各层面学员对公司业务都会达成一致的理性及感性认识，形成共同的思维模式，以及促进沟通的共同语言。如何树立团队的共同目标，建立团队的组织机构，如何制定保障目标实现的决策机制与规章制度，从而激发公司每个员工的积极性与战斗力，建立起一个以整体利益为导向的极具活力的组织，这是值得全体成员深入思考的重要问题之一。

沙盘模拟从岗位分工、职位定义、沟通协作、工作流程到绩效考评，每个团队经过初期组建、短暂磨合、逐渐形成团队默契，完全进入协作状态。在这个过程中，各自为战导致的效率低下、无效沟通引起的争论不休、职责不清导致的秩序混乱等情况使学员们深刻理解了局部最优不等于总体最优，学会了换位思考与沟通协作。在组织的全体成员有共同愿景、朝着共同的绩效目标、遵守相应的工作规范、彼此信任和支持的氛围下，企业更容易取得成功。

6. 基于信息管理的思维方式

通过ERP沙盘模拟，使学员们真切地体会到构建企业信息系统的紧迫性。企业信息系统如同飞行器上的仪表盘，能够时刻跟踪企业运行状况，对企业业务运行过程进行控制和监督，及时为企业管理者提供丰富的可用信息。通过沙盘信息化体验，学生可以感受到企业信息化的实施过程及关键点，根据企业自身的业务流程与特点，合理规划企业信息管理系统，为企业管理信息化做好观念和能力上的铺垫。

2.2.2 全面提高受训者的综合素质

1. 树立共赢理念

市场竞争是激烈的，也是不可避免的，但竞争并不意味着你死我活。寻求与合作伙伴之间的双赢、共赢才是企业发展的长久之道。这就要求企业知彼知己，在市场分析、竞争对手分析上做足文章，在竞争中寻求合作，企业才会有无限的发展机遇。

2. 全局观念与团队合作

通过 ERP 沙盘模拟对抗课程的学习，学生可以深刻体会到团队协作精神的重要性。在企业运营这样一艘大船上，CEO 是舵手、CFO 保驾护航、营销总监冲锋陷阵……在这里，每一个角色都要以企业总体最优为出发点，各司其责，相互协作，才能赢得竞争，实现目标。

3. 保持诚信

诚信是一个企业立足之本，发展之本。诚信原则在 ERP 沙盘模拟课程中体现为对"游戏规则"的遵守，如市场竞争规则、产能计算规则、生产设备购置以及转产等具体业务的处理。保持诚信是学员们立足社会、发展自我的基本素质。

4. 个性与职业定位

每个个体因为拥有不同的个性而存在，这种个性在 ERP 沙盘模拟对抗中会显露无遗。在分组对抗中，有的小组轰轰烈烈，有的小组稳扎稳打，还有的小组则不知所措。虽然，个性特点与胜任角色有一定关联度，但在现实生活中，很多人并不是因为"爱一行"才"干一行"的。更多的情况是需要大家"干一行"就"爱一行"的。

5. 感悟人生

在市场的残酷与企业经营风险面前，是"轻言放弃"还是"坚持到底"，这不仅是一个企业可能面临的问题，更是在人生中不断需要抉择的问题，经营自己的人生与经营一个企业具有一定的相通性。

2.2.3 实现"体验—分享—提升—应用"的目标

在 ERP 沙盘模拟课程中，学习者经历了一个从理论到实践再到理论的上升过程，把自己亲身经历的宝贵实践经验转化为全面的理论模型。参与者借助 ERP 沙盘推演自己的企业经营管理思路，每一次基于现场的案例分析及基于数据分析的企业诊断，都会使参与者恍然大悟，达到磨炼其商业决策敏感度，提升决策能力及长期规划能力的目的。

任务 2.3 ERP 沙盘模拟培训的优越性

ERP 沙盘模拟培训来源于军事上的战争沙盘模拟推演。在战争中使用的沙盘是根据地形图或实地地形，按一定的比例用泥沙、石土等材料堆制而成的一种模型，供指挥者研究地形、敌情、作战方案、组织协调和实施训练时使用。用沙盘研究作战情况在我国有着悠久的历史。《史记·秦始皇本记》中记载:"以水银为百川大海,相饥灌翰,上具天文,下具地理。"

据说,秦在部署灭六国时,秦始皇亲自堆制沙盘研究各国地理形势,在李斯的辅佐下,派大将王翦进行统一战争。后来,秦始皇在修建陵墓时,堆塑了一个大型的地形模型。模型中不仅砌有高山、丘陵、城池等,而且还用水银模拟江河、大海,用机械装置使水银流动循环,可以说,这是最早的沙盘雏形,至今已有2200多年历史。《后汉书·马援传》中记载:汉建武八年(公元32年),光武帝征伐天水、武都一带地方的豪强时,大将马援"聚米为山谷,指画形势",使光武帝顿有"虏在吾目中矣"的感觉。

这是我国战争史上运用沙盘研究战术的先例。战争沙盘推演跨越了通过实战检验与培养高级将领的巨大成本障碍和时空限制,受到世界各国的普遍运用。同样,企业在培养优秀管理人才时,也面临培训成本高昂的困扰。因此,英、美知名商学院和管理咨询机构开发出了ERP沙盘模拟培训这一新型现代培训模式。

ERP沙盘模拟培训不同于传统的课堂灌输授课方式,通过运用独特直观的教具,模拟企业真实的内部经营环境与外部竞争环境,结合角色扮演、情景模拟、教师点评,使学生在虚拟的市场竞争环境中,真实经历数年的企业经营管理过程,运筹帷幄,决战商场。ERP沙盘模拟培训一经推出,就以独特新颖的培训模式、深刻实用的培训效果受到中外企业、著名高校的青睐。目前ERP沙盘模拟培训已经成为世界500强中大多数企业的中高层管理人员管理培训的首选课程。

项目三　组建团队

【能力目标】
➢ 掌握团队组建的一般流程；
➢ 熟悉企业应设立的主要岗位；
➢ 掌握组织机构中各角色的主要职能；
➢ 掌握各岗位的主要职责。

【项目引例】

单个的人是软弱无力的，就像漂流的鲁滨逊一样，只有同别人在一起，他才能完成许多事业。

——叔本华

世界上没有完美的个人，但有接近完美的团队；创业者需要做的，就是建立起一支能熬过困难、能越战越勇、能持续学习并最终夺取胜利的团队。

一个好的创业合伙人，会在企业困难的时候迎难而上并帮助企业实现腾飞；同样的，一个不合格的合伙人，不仅仅会延误战机，更可能给企业带来灾难。对创业者而言，选择创业伙伴则意味着未来好几年内你将和他休戚与共，共同决定公司未来几年内的走向。所以你需要选择内在价值观一致、能力互补的创业伙伴，并通过提前制定好规则、坦率而真诚的交流以及彼此之间的包容，努力打造一个富有战斗力和生命力的团队。

在初创团队的建设上，建议各位创业者有空的时候可以翻翻三国演义，一方面是换换脑子，另一方面也看看三个最牛的创业团队是如何组建出来的，又为什么产生了自身固有的困境和问题。

任务 3.1　班级分组

班级成员分组,首先需确定要分组的组数。组数多少,一般由物理或者电子沙盘用具组数和人员总人数决定。目前,市面上流通的主流 ERP 沙盘用具,有 6 组、8 组、10 组或者 12 组。

组数确定后,接着就是确定组内人员,组内人员的确定需遵循以下分组原则:

> **分组原则:**
> ①找自己信任的人;
> ②每个组人数不得少于 4 – 5 人。

现在,给大家 10 分钟的时间进行班级分组。

分组完毕,请每位组员记下自己组的分组信息:

组　别:(　　)公司名称:　　　　　宣传口号:
CEO:＿＿＿＿＿＿　助理:
财务总监:＿＿＿＿＿＿　助理:
采购总监:＿＿＿＿＿＿　助理:
运营总监:＿＿＿＿＿＿　助理:
营销总监:＿＿＿＿＿＿　助理:

任务 3.2　岗位职责

1. 总经理 CEO

总经理 CEO,ERP 沙盘控制中心的负责人。作为企业的领军人物,其要对企业的兴衰、荣辱负责。要把其他所有员工团结在一起,带领成员一起制定总体战略与年度经营计划,并分配落实、实施;带领员工对企业面临的市场竞争格局进行分析;确定企业短期和中长期经营指标;制定企业业务策略;对企业预算进行管理;建立和健全公司的管理体系与组织结构;对企业的经营绩效进行分析;对员工的业绩进行考核、评价和管理。

在企业模拟经营过程中,负责员工间的协调和团队向心力的凝聚。企业所有的重要决策均由总经理带领团队成员共同决定,如果大家意见相左时,总经理有拍板决定权。

2. 财务总监

财务总监,ERP 沙盘财务中心的负责人之一。其对企业资金流的控制,负有重要的责任。要提前预测、规划企业的资金需求,还肩负企业资金的筹集、监控和调度的任务;要掌控好现金流,对各项花费进行核算,做好财务分析;制定企业不同阶段不同的融资策略;进行现金预算，将资金成本控制到较低水平，管好、用好资金；管理资金的调度与风险；梳理并完善财务制度。

在企业模拟经营过程中，财务总监需参与到众多事情当中。例如厂房的购置、设备的投入、产品的研发、市场和ISO的投入等，都需财务总监的参与。只有公司的资金往来财务部门都掌握了，才能让企业的资金流为物流、商流、信息流提供支持，并成为"四流合一"的动力。

3. 营销总监

营销总监，ERP沙盘营销中心的负责人之一。其负责搜集企业客户的需求进行分析，对企业所面向市场进行销售预测，制定销售计划和销售预算，确定销售部门的目标体系；需要联合生产部门制定品种发展策略；推广产品、与客户谈判，争取客户订单；与客户签订合同并负责对过程的控制；负责对销售团队建设与管理；负责客户的管理，确保货款及时回笼；对销售业绩进行分析与评估。

在企业模拟经营过程中，销售总监应结合市场预测及客户需求制订销售计划，有选择地进行广告投放，取得与企业生产能力相匹配的客户订单，与生产部门做好沟通，保证按时交货给客户，监督货款的回收，进行客户关系管理。

4. 生产总监

生产总监，ERP沙盘生产中心的负责人。其负责安排生产、落实生产计划；负责修订质量管理制度、落实制度执行，监控质量目标的达成情况；负责规划、配置和调动生产资源，以满足生产的正常进行，从而能够正常、保质、保量、保时的交货；优化生产组织过程，推动工艺路线的优化和工艺方法的改进，扩充并改进生产设备，不断降低生产成本；参与新产品的开发，并就当前生产设备情况提出自己部门的意见；持续扩大和改善产品系列，在满足客户要求的基础上尽量降低生产成本；确保为企业的销售提供产能的支持；确保对半成品和产成品的掌控。

在企业模拟经营过程中，生产总监负责管理企业的一切生产活动或和生产相关的活动。生产总监不但负责负责制定生产计划，还负责对整个生产过程的监控，在企业中具有重要的作用和责任。生产总监需要通过计划、组织、协调、控制等管理方式，优化企业的资源配置，以为企业创造尽可能的经济效益。

5. 采购（物流）总监

采购（物流）总监，ERP沙盘物流中心的负责人。负责生产所需各种物料的及时采购和管理，满足企业的正常生产需求；负责搜集市场信息、选择供应商，力求选择价格、质量较合理的企业，能够采购到合适的价格、合适的质量、在合适的时间、送到合适的地点的原料，满足企业的需求；负责制定并实施采购供应计划；负责进行供应商的管理；制定采购预算。

在企业模拟经营过程中，采购总监负责制定采购计划、与供应商签订供货合同、监督原料采购过程并按计划向供应商付款、管理原料库等具体工作。

任务3.3 确定办公场所

岗位确定后,需要确定各岗位的办公室场所。在ERP沙盘企业模拟经营过程中,各岗位的办公场所指ERP物理沙盘盘面各部分所对应位置。本书以当前较流行的新道科技ERP沙盘为样板,进行岗位办公场所的确定,如图所示:

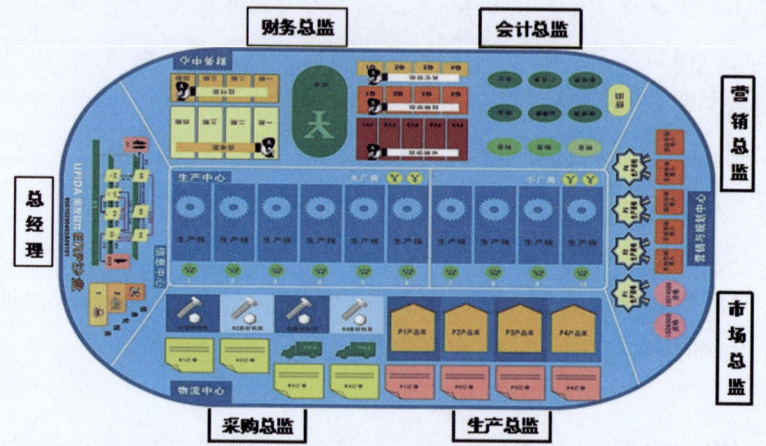

项目四　物理沙盘经营

【能力目标】
- 理解企业成功运营的关键因素;
- 了解一个企业的真实运作流程;培养学生经营意识与规划能力;
- 掌握战略决策、营销管理、财务管理、物流管理以及团队管理相关知识;
- 培养具体问题具体分析,灵活决策的能力;培养沟通协作能力;培养组织领导技能;
- 拓展经营管理知识体系,提升经营管理技能

【项目引例】

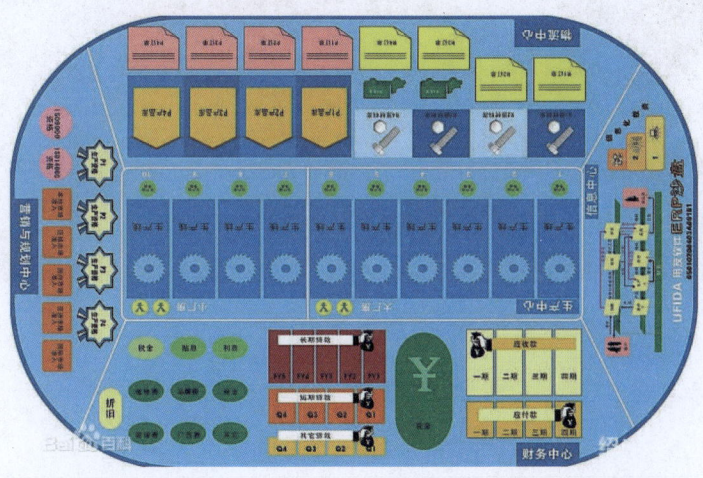

"什么是沙盘训练?"这是众多初次参加沙盘训练学习者的第一个困惑。许多学习者是带着这个问题走进教室的。

沙盘模拟训练的概念最初是来自于"作战指挥"。在敌我双方开始战役之前,许多指挥员都模拟战场的地形、地貌,制作一个与之完全一样的沙盘模型。他们在这个模型上进行战略部署,包括兵力部署、火力部署、防御部署和进攻部署等。

商场如战场,一个企业的经营管理要比作战指挥复杂得多。如果只是凭借想象去描绘企业应当如何管理,这无疑是"空穴来风"。而如果仅仅是在每一门课程中展现企业的一个局部现状,也会让学习者感到"只见树木,不见森林"。把一个企业各个部门的运作,提炼成一个实

ERP沙盘模拟企业经营

物模拟,让学习者在这个模型上进行实际演练,无疑可以避免前面的缺憾。这就是企业经营模拟沙盘的由来。

模拟沙盘教具主要包括:6张沙盘盘面,代表六个相互竞争的模拟企业。模拟沙盘按照制造企业的职能部门划分了职能中心,包括营销与规划中心、生产中心、物流中心和财务中心,各职能中心涵盖了企业运营的所有关键环节。通过自己动手,进行实际推演,连续完成5年或6年的企业经营操作,从中不断地认识到经营过程中的"错误";并在老师每年总结点评的基础上,一步步从对企业的"感性认识",加深到对企业整体运作的"理性认识"层次上,在实践过程中,理解企业经营的真谛。ERP沙盘模拟实践的优点是:简练、生动、直观、全面,易于从全局理解企业的运作精髓。

任务4.1　物理沙盘用具

物理沙盘，由诸多能够看得见、摸得着的各样式模型道具组成。在企业模拟经营过程中，企业成员可以使用模型道具进行企业产品生产、客户销售、资金收支等活动，以模拟实现企业真实的经营过程。

一、物理沙盘盘面

物理沙盘盘面，用来代替企业的实际场景，以方面进行企业模拟经营。主要由控制中心、财务中心、营销中心、生产中心、物流中心等五部分组成。

二、生产线

有手工线、半自动线、自动线和柔性线4种类型，用于模拟表示不同的机器设备。

生产线类型表

序号	名称	图例	说明
1	手工线		最原始的生产设备，技术要求低，资金投入最低，生产效率低下，但能够随时变产。
2	半自动线		手工线的升级设备，技术要求变高，资金投入增加，生效效率得到了提升，变产能力不足。
3	自动线		半自动线的升级设备，技术要求实现了自动化，资金投入较高，生产效率最大化，变产能力不足。
4	柔性线		最高级的生产设备，技术要求实现了智能化，资金投入最高，生产效率和自动线相当，可以随时变产。

生产线新投资，**投资新生产线时按安装周期平均支付投资**，全部投资到位的下一个季度领取产品标识，开始生产。资金短缺时，资金短缺时，任何时候都可以中断投资。等资金到位后，再继续投资。

生产线转产，是指生产线转而生产其他产品，现有生产线转产生产新产品时可能需要一定转产周期（也即生产线改装时间）并支付一定转产费用（也即改装费用），最后一笔资金支付后一个季度，方可更换产品标识，开始新生产。

生产线维护，是指为保持生产线的生产效率，要对生产线进行周期性的维护（维修）。当年在建的生产线和当年出售的生产线不用交维护费（或维修费）。

生产线出售，出售生产线时，如果生产线净值小于残值，将净值转换为现金；如果生产线净值大于残值，将相当于残值的部分转换为现金，将差额部分作为费用处理（作为综合费用表里面的其他项目）。

生产线折旧，是指生产线在使用过程中，实物形态虽保持不变，但因使用、磨损及陈旧等原因会发生各种有形和无形的损耗。生产线每年的损耗多少，即为每年的折旧。

注意：

①生产线建好后，不管用与不用，都要缴纳维护费；

②当年建成的生产线不计提折旧，从生产线建好后的第二年开始折旧；

③当年建成未使用的生产线，也要折旧；

④所有生产线可以生产所有产品，每条生产线同时只能有一个产品在线生产；

⑤产品上线时需要支付加工费。

三、产品标识

用来表示生产线所产产品的标识，有 P1、P2、P3、P4 四种产品类型。这里的 P，为英文单词 Product(产品)的缩写，故 P1 为产品 1、P2 为产品 2、P3 为产品 3、P4 为产品 4。

产品标识表

序号	名称	图例	说明
1	P1 标识		表示所产产品为 P1，P1 为技术含量最低的产品，投入低、价格低。
2	P2 标识		表示所产产品为 P2，P2 为高于 P1 技术含量的一种产品，技术相对较新，投入加大，价格也变高。
3	P3 标识		表示所产产品为 P3，P3 为高于 P2 技术含量的一种产品，技术相对较新，投入更大，价格也更高。
4	P4 标识		表示所产产品为 P4，P4 为高于 P3 技术含量的一种产品，技术最高，投入最大，价格最高。

四、订单

是市场中客户对产品需求的一种反映，客户通过用订单的形式告知供应商，他所需要的产品类型、产品价格、产品数量、产品总交易额、交货时间、产品账款时间等。

```
产品：         P2
数量：         5
单价：         7.2M/个
总额：         36M
交货期 2Q      应收账期 2Q
```

本张订单说明：

①产品 P2，表示客户需要的产品为 P2；

②数量 5，表示客户需要的 P1 产品数量为 5 个；

③单价 7.2M/个，表示客户需要的 P1 产品单价为 7.2M；

④总额36M,表示此张订单成交总金额为36M;
⑤交货期2Q,表示此张订单最晚不能低于2季度交货;
⑥应收账期2Q,表示从交货开始算起的两个季度后收到货款。

概念解释:

①交货期,货物的交货时间,一般指货物的最晚交货时间,即交货时间不能晚于此时间点;

②应收账期,从交货时开始算起的货款回收时间,即应该收回的款项的时间;

③Q,英文单词Quarter的首字母,意思为季度。

五、灰币

银灰色圆形硬塑料,用来表示企业经营过程中用到的资金。一个灰币代表1M(million),即一个灰币代表一百万。经营过程中,所有用到的资金,都需用灰币来进行交易。

钱币图例表

序号	名称	图例	说明
1	灰币	(灰色椭圆)	用来表示企业经营过程中用到的资金。

六、彩币

用来表示原材料,有红、黄、蓝、绿4种之分,分别用来表示R1、R2、R3、R4原材料。这里的R,为英文单词Resourse(资源、原料)的缩写,故R1为原材料1、R2为原材料2、R3为原材料3、R4为原材料4。

原材料图例表

序号	名称	图例	说明
1	R1	R1	红色,用来表示原材料R1。
2	R2	R2	黄色,用来表示原材料R2。
3	R3	R3	蓝色,用来表示原材料R3。
4	R4	R4	绿色,用来表示原材料R4。

七、空桶

用来盛放灰币和彩币,经营中,也用来代表原材料订单或者长短贷贷款。

空桶使用介绍表

序号	名称	图例	说明
1	空桶		用来盛放灰币或彩币,即用来盛放钱币或原材料。
2	满桶	20M	在盛放钱币时,满桶为20M;若为原材料,即为20个原材料。
3	原材料订单		可用一个空桶,表示一个原材料的订单。放在物流中心的原料订单区。
4	长、短期贷款		空桶倒置放在财务中心的贷款区,一个倒置的空桶,表示贷款20M。

八、市场准入证

用来表示企业在某个市场中是否拥有准入资格,是企业在市场中生产、销售等经营活动的依据。市场准入证,有本地市场、区域市场、国内市场、亚洲市场、国际市场之分。

市场准入介绍表

序号	名称	图例	说明
1	本地市场准入	本地市场准入	表示可以在本地市场进行销售经营活动。
2	区域市场准入	区域市场准入	表示可以在区域市场进行销售经营活动。
3	国内市场准入	国内市场准入	表示可以在国内市场进行销售经营活动。
4	亚洲市场准入	亚洲市场准入	表示可以在亚洲市场进行销售经营活动。
5	国际市场准入	国际市场准入	表示可以在国际市场进行销售经营活动。

不同市场投入的费用及时间不同,只有市场投入全部完成后方可持所有投资,换取相应市场准入证。

注意:

①市场开发投资按年度支付,允许同时开发多个市场;

②每个市场每年最多投资为1M,不允许加速投资,但允许中断;

③市场开发完成后持开发费用到换证处领取市场准入证,之后才允许进入该市场竞单。

九、产品资格证

用来表示所要生产、销售的产品,是否合格、满足各方面的标准需求。

产品资格证表

序号	名称	图例	说明
1	P1 生产资格	P1 生产资格	表示本企业具有了 P1 的生产资格，能够满足国家相关部门的标准要求。
2	P2 生产资格	P2 生产资格	表示本企业具有了 P2 的生产资格，能够满足国家相关部门的标准要求。
3	P3 生产资格	P3 生产资格	表示本企业具有了 P3 的生产资格，能够满足国家相关部门的标准要求。
4	P4 生产资格	P4 生产资格	表示本企业具有了 P4 的生产资格，能够满足国家相关部门的标准要求。

新产品研发投资可以同时进行，按季度平均支付或延期，资金短缺时可以中断；但必须完成投资后换证方可接单生产。研发投资完成后持全部投资换取产品生产资格证

产品研发完成后，可以接单生产。生产不同的产品需要用到的原料不同。不同产品所需用的原料，可以通过 BOM（Bill Of Materials，物料清单）来分析。

十、ISO 资格证

用来表示企业的质量、环境等是否通过了 ISO 的认证。ISO，International Organization for Standardization 的简称，即国际标准化组织。是一个全球性的非政府组织，是国际标准化领域中一个十分重要的组织。ISO 一来源于希腊语"ISOS"，即"EQUAL"——平等之意。ISO 国际标准组织成立于 1946 年，中国是 ISO 的正式成员，代表中国参加 ISO 的国家机构是中国国家技术监督局（CSBTS）。

ISO 负责目前绝大部分领域（包括军工、石油、船舶等垄断行业）的标准化活动。ISO 的宗旨是"在世界上促进标准化及其相关活动的发展，以便于商品和服务的国际交换，在智力、科学、技术和经济领域开展合作。"

ISO 资格证表

序号	名称	图例	说明
1	ISO9000	ISO9000 资格	国际质量体系认证，用来对企业的产品质量加以衡量。
2	ISO14000	ISO14000 资格	国际环境体系认证，用来对企业的产品质量加以衡量。

两项认证投资可同时进行或延期，，资金短缺时可以中断，等资金到位后再继续投资。相应投资完成后，拿投资费用去换取 ISO 资格证。

任务4.2 物理沙盘经营规则

一、厂房购买、租赁与出售

对于物理沙盘而言，有大、小两个厂房可供选择。购买，是一次性付款；租赁，每年都要付款。有关各厂房购买、租赁、出售的相关信息下表：

厂房	买价	租金	售价	容量
大厂房	40M	5M/年	40M(4Q)	6条生产线
小厂房	30M	3M/年	30M(4Q)	4条生产线

厂房可随时按购买价值出售，出售厂房计入4Q应收款，购买后将购买价放在厂房价值处，厂房不提折旧。

二、生产线购买、转产与维护、出售

不同类型生产线的主要区别在于生产效率和灵活性不同。生产效率是指单位时间生产产品的数量；灵活性是指转产生产新产品时设备调整的难易性。

生产线	购买价格	安装周期	生产周期	转产周期	转产费用	维护费用	出售残值	备注
手工线	5 M	无	3Q	无	无	1M/年	1M	各生产线在不同的规则里面可以变化，每次做新的ERP沙盘前请认真阅读规则。
半自动	10 M	2Q	2Q	1Q	1M	1M/年	2M	
全自动	15M	3Q	1Q	1Q	2M	1M/年	3M	
柔性线	20M	4Q	1Q	无	无	1M/年	4M	
租赁线	0	0	1Q	无/1Q	无/1Q	−6M/年	−7M	

注意：各生产线折旧计提如下：

生产线	建好第1年	建好第2年	建好第3年	建好第4年	建好第5年
手工线	0M	1M	1M	1M	1M
半自动	0M	2M	2M	2M	2M
全自动	0M	3M	3M	3M	3M
柔性线	0M	4M	4M	4M	4M
租赁线	−6M	−6M	−6M	−6M	−6M

折旧，可以采用平均年限法，即折旧=(原值−残值)/使用年限；或者三分之一剩余净值法，即折旧=生产线净值/3=(原值−折旧)/3；当生产线净值小于3M时，每年提1M折旧。当净值等于残值时，不在折旧。**此处，采用平均年限法。** 租赁线每年扣租金，出售的当年扣残值。

三、产品研发

企业目前具有 P1 产品的生产资格。通过市场调研发现，P2、P3、P4 产品将会有大量的市场需求，价格较高，所以要想涉足这些产品市场，需要进行开发。产品技术含量不同，研发时间和研发费用的投入也会相应的有所区别。在企业模拟经营中，产品的研发投资，一季度一次。

产品	P2	P3	P4
研发时间	4Q	4Q	4Q
每季投资	1M/Q	2M/Q	3M/Q
研发费用	4M	8M	12M

四、产品生产与原材料采购

产品研发完成后，可以按照客户要求安排生产。不同的产品，所需要用到的原料也会不同。开始生产时将原料放在生产线上并支付加工费，加工费的支付为一次性的，各条生产线生产产品的加工费均为 1M/个。在物理盘面上操作时，先在生产线上放一个空桶，然后再放入产品所需的各种原材料，最后放入加工费。

ISO 资格证表

序号	名称	图例	说明
1	P1 生产表示	P1	P1 = R1 + 1M（加工费）
2	P2 生产表示	P2	P2 = R1 + R2 + 1M（加工费）
3	P2 生产表示	P3	P3 = R1 + R3 + R4 + 1M（加工费）
4	P2 生产表示	P4	P4 = R2 + R3 + 2R4 + 1M（加工费）

五、广告投放

产品订单的获得，需要在市场上进行广告宣传。每年都会有产品订货会，一般放在年初进行。各企业在这个产品订货会上，通过广告宣传等策略，来达到营销自己企业和产品的机会。订货会分市场召开，依次为本地市场、区域市场、国内市场、亚洲市场和国际市场。

广告是分市场、分产品投放的，投入 1M 有一次选取订单的机会，以后每多投 2M 增加一次选单机会。如：投入 7M 表示准备拿 4 张订单，但是否能有 4 次拿单的机会则取决于市场需求、竞争态势等；投入 2M 只能拿一张订单，只是比投入 1M 的优先选择客户订单。在竞争客户产品时，会按市场、按产品的次序登记广告费用。各个市场的产品数量是有限的，并非打广告一定得到订单。

广告投放格式：

组别：_____ 第_____ 年

产品＼市场	本地	区域	国内	亚洲	国际
P1					
P2					
P3					
P4					

在产品和市场交叉的单元格中，填入投放的广告数额，即代表打算在这个市场这种产品投入多少资金进行广告宣传。

六、市场划分与市场准入

初始经营企业，拥有本地市场准入资格证。在企业模拟经营中，市场的认证研发投资，一年一次，一般放在年末进行。其他市场的开发费用如下表：

市场	持续时间	每年投资	开拓费用
本地	1年	1M/年	1M
区域	1年	1M/年	1M
国内	2年	1M/年	2M
亚洲	3年	1M/年	3M
国际	4年	1M/年	4M

七、ISO 资格认证开发

有的订单中会有9K（代表"ISO9000"，下同）或14K（代表"ISO14000"，下同）的标识。如果有这些标识时，企业要想拿下这类订单，那么企业就必须拥有9k或者14k的认证，否则订单就无法拿到。在企业模拟经营中，ISO 的认证研发投资，一年一次，一般放在年末进行。

管理体系	ISO9000	ISO14000
认证时间	2年	3年
每年投资	1M/年	1M/年
认证费用	2M	3M

八、融资贷款与资金贴现

企业各项业务活动涉及现金收支的，要由业务部门按程序办理申请手续，符合规范的收入和支出由财务主管进行现金实际交割处理。

贷款类型	贷款时间	贷款额度	年息	还款方式
长期贷款	每年年末	权益3倍	10%	年底付息,到期还本
短期贷款	每季度初		5%	到期一次还本、付息
高利贷	任何时间	与银行协商	20%	到期一次还本、付息
资金贴现	任何时间	视应收款额	1:6	变现时贴息,贴息上取整

①长期贷款最长期限为5年,短期贷款及高利贷期限为1年,不足1年的按1年计息;②长期贷款每年需还利息,短期贷款到期时还本付息;③贷款只能是20的倍数;④资金贴现在有应收款时随时可以进行,金额是7的倍数,不论应收款期限长短,拿出7M交1M的贴现费。

任务4.3 物理沙盘模拟经营年

企业模拟经营过程,由CEO带领进行的经营流程:

企业经营记录表

企业经营流程 请按顺序执行下列各项操作。		每执行完一项操作,请在相应的方格内打勾。 同时在方格中填写现金收支情况,收入用+,支出用-。	
年初	年初规划会议/现金盘点		
	广告投放		
	参加订货会选订单/登记订单		
	支付应付税		
1	季初盘点(请填余额)		
2	更新短期贷款/短期贷款还本付息		
3	申请短期贷款		
4	原材料入库/更新原料订单		
5	下原料订单		
6	购买/租用——厂房		
7	更新生产/完工入库		
8	新建/在建/转产/变卖——生产线		
9	紧急采购(随时进行)		
10	开始下一批生产		
11	更新应收款/应收款收现		
12	按订单交货		

续表

13	产品研发投资				
14	厂房——出售(买转租)/退租/租转买				
15	支付管理费				
16	更新厂房租金				
17	出售库存				
18	厂房贴现				
19	应收款贴现				
20	季末收入合计				
21	季末支出合计				
22	季末数额对账[(1)+(21)+(22)]\				
年末	支付长贷利息、更新长期贷款/长期贷款还款				
	申请长期贷款				
	缴纳违约订单罚款				
	支付设备维护费				
	计提折旧				( )
	新市场开拓				
	ISO资格投资				
	结账				

在模拟经营过程中，按照经营步骤，请在上面流程表中做出相应的标记。标记注意事项：

①每执行完一项操作，请在相应的方格内打勾，做到经营一步，填写一个；

②有资金花费或者收入时，收入用+（或者直接填写收入的金额数），支出用-（例如-5，即投资花费5M）；

③四列，代表四个季度。

任务 4.3.1 初始状态设定

1、各种道具

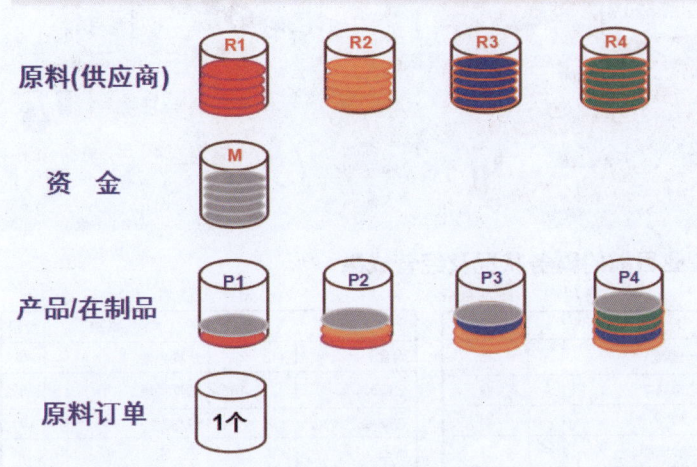

2、初始状态设定—生产中心

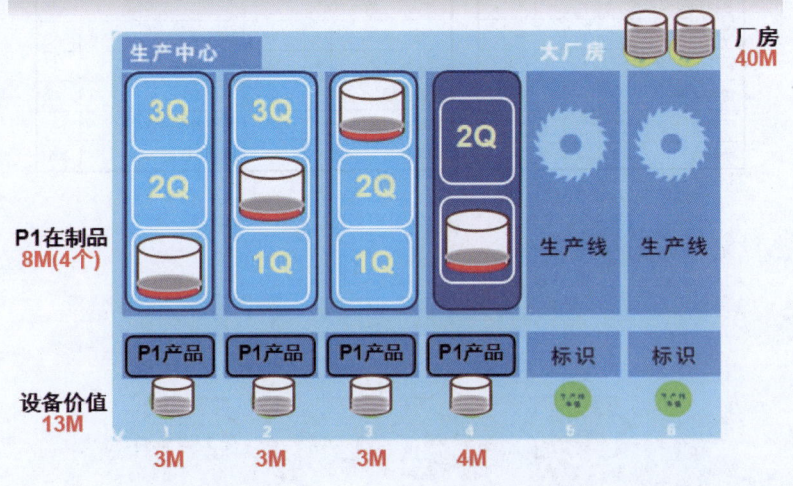

3、初始状态设定—物流中心

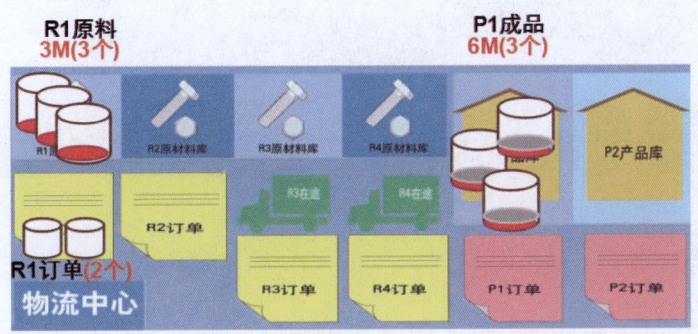

4、初始状态设定—财务中心

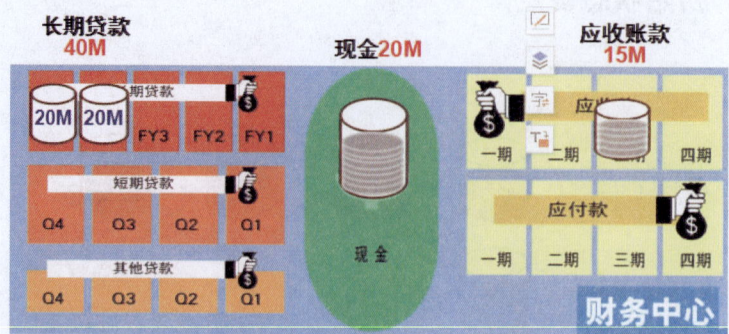

5、初始状态设定—营销与规划中心

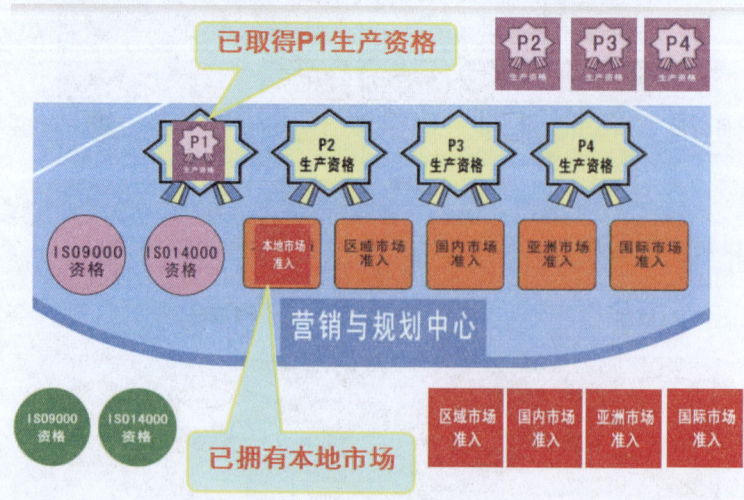

任务 4.3.2 企业运营规则

1、市场划分与市场准入

市场	开拓费用	持续时间
区域	1M	1年
国内	2M	2年
亚洲	3M	3年
国际	4M	4年

2、销售会议与订单争取

首先，由上年在该市场的订单价值决定市场领导者，并由其最先选择订单；其次，按产品的广告投入量的多少，依次选择订单；若在同一产品上有多家企业的广告投入相同，则按该市场上全部产品的广告投入量决定选单顺序；若市场的广告投入量也相同，则按上年订单销售额的排名决定顺序；否则通过招标方式选择订单。

3、厂房购买、租赁与出售

厂房	买价	租金	售价	容量
大厂房	40M	5M/年	40M(4Q)	6条生产线
小厂房	30M	3M/年	30M(4Q)	4条生产线

4、生产线购买、转产与维护、出售

生产线	购买价格	安装周期	生产周期	转产周期	转产费用	维护费用	出售残值
手工线	5 M	无	3Q	无	无	1M/年	1M
半自动	8 M	2Q	2Q	1Q	1M	1M/年	2M
全自动	16M	4Q	1Q	2Q	4M	1M/年	4M
柔性线	24M	4Q	1Q	无	无	1M/年	6M

所有生产线都能生产所有产品，所需支付的加工费相同，1M/产品。

购买：投资新生产线时按安装周期平均支付投资，全部投资到位的下一个季度领取产品标识，开始生产；

转产：现有生产线转产生产新产品时可能需要一定转产周期并支付一定转产费用，最后一笔支付到期一个季度后方可更换产品标识。

维护：当年在建的生产线和当年出售的生产线不用交维护费；

出售：出售生产线时，如果生产线净值小于残值，将净值转换为现金；如果生产线净值大于残值，将相当于残值的部分转换为现金，将差额部分作为费用处理（综合费用－其他）

折旧：每年按生产线净值的1/3取整计算折旧。当年建成的生产线不提折旧，当生产线净值小于3M时，每年提1M折旧。

5、产品生产与原材料采购

采购：根据上季度所下采购订单接受相应原料入库，并按规定付款或计入应付款用空桶表示原材料订货，将其放在相应的订单上，R1、R2订购必须提前一个季度；R3、R4订购必须提前两个季度。

生产：开始生产时按产品结构要求将原料放在生产线上并支付加工费，各条生产线生产产品的加工费均为1M。各线不能同时生产两个产品。

6、产品研发

产品	P2	P3	P4
研发时间	4Q	4Q	4Q
研发投资	4M	8M	12M

新产品研发投资可以同时进行，按季度平均支付或延期，资金短缺时可以中断；但必须完成投资后方可接单生产。研发投资计入综合费用，研发投资完成后持全部投资换取产品生产资格证。

7、市场开发和ISO认证

管理体系	ISO9000	ISO1400
建立时间	>=2年	>=3年
所需投资	1M/年	1M/年

市场	区域	国内	亚洲	国际
完成时间	>=1年	>=2年	>=3年	>=4年
投资规则	1M/年	1M/年	1M/年	1M/年

8、融资贷款与资金贴现

贷款类型	贷款时间	贷款额度	年息	还款方式
长期贷款	每年年末	权益的2倍	10%	年底付息，到期还本
短期贷款	每季度初	权益的2倍	5%	到期一次还本、付息
高利贷	任何时间	不许使用	20%	到期一次还本、付息
资金贴现	任何时间	视应收款额	1:6	变现时贴息

长期贷款最长期限为5年，短期贷款及高利贷期限为1年，不足1年的按1年计息长期贷款每年需还利息，短期贷款到期时还本付息。贷款只能是20的倍数。

任务4.3.3　企业竞争模拟

1、初始年运行情况

初始年运行流程

项目	Q1	Q2	Q3	Q4
新年度规划会议/现金盘点	20			
参加订货会/登记销售订单	-1			
制定新年度计划	★			
支付应付税	-1			
季初现金盘点	18	14	10	22
更新短贷/支付利息/获得新贷款	×	★	★	★
原材料入库/更新原料订单	-2	-1	-1	-1
下原料订单	★	★	★	★
更新生产/完工入库	★	★	★	★
投资新生产线/变卖生产线/生产线转产	★	★	★	★
开始下一批生产	-1	-2	-1	-2
更新应收款/应收款收现	★	★	15	32
出售厂房	×	×	×	×

项目	Q1	Q2	Q3	Q4
按订单交货	×	★	×	×
产品研发投资	×	×	×	×
支付行政管理费	-1	-1	-1	-1
其他现金收支情况登记	×	×	×	×
支付利息/更新长期贷款/申请长期贷款				-4
支付设备维护费				-4
支付租金/购买厂房				★
计提折旧				(4)
新市场开拓/ISO认证投资				★
结账				★
现金收入合计	0	0	15	32
现金支出合计	-4	-4	-3	-12
期末现金对账	14	10	22	42

2、填写综合费用表、利润表、资产负债表

项目	金额	备注
管理费	4	
广告费	1	
保养费	4	
租　金		
转产费		
市场准入		□区域　　□国内　　□亚洲　　□国际
ISO资格认证		□ISO9000　　□ISO14000
产品研发		P2（　）　P3（　）　P4（　）
其　他		
合　计	9	

损益表		单位：百万	
		上年	本年
销售收入	+	35	32
直接成本	-	12	12
毛利	=	23	20
综合费用	-	11	9
折旧前利润	=	12	11
折旧	-	4	4
支付利息前利润	=	8	7
财务收入/支出	+/-	4	4
额外收入/支出	+/-		
税前利润	=	4	3
所得税	-	1	1
净利润	=	3	2

资产负债表		单位：百万		负债+权益		年初	本年
资产		年初	本年				
现金	+	20	42	长期负债	+	40	40
应收款	+	15	0	短期负债	+	0	0
在制品	+	8	8	应付款	+	0	0
成品	+	6	6	应交税	+	1	1
原料	+	3	2	1年到期的长贷	+		
流动资产合计	=	52	58	负债合计	=	41	41
固定资产				权益			
土地和建筑	+	40	40	股东资本	+	50	50
机器设备	+	13	9	利润留存	+	11	14
在建工程	+			年度净利		3	2
固定资产合计	=	53	49	所有者权益	=	64	66
总资产		105	107	负债+权益	=	105	107

任务4.3.4 物理沙盘正式经营

经过了上面部分的模拟经营，对 ERP 沙盘的物理沙盘模拟经营，有了全面的认识和了解。接下来，由同学们开始你们的经营自己的企业了！

一、企业经营市场环境说明

所有的企业经营团队，面对着同样的市场环境，都可以接洽本地、区域、国内、亚洲、国际市场中的所有客户，都可以把客户所需的 P1、P2、P3、P4 产品销售给客户。

在 ERP 沙盘企业模拟经营中，市场环境的提供，是由一家咨询公司免费提供的信息，信息以一份"市场预测表"的形式反映出来。每个企业，都可以免费查看这张市场预测表。经过对市场预测表的分析后，企业就可以选择适合自己企业的经营策略去进行企业经营了。在市场预测中要包括近几年关于行业产品市场的预测资料，包括各市场、各产品的总需求量、价格情况、客户关于技术及产品的质量要求等。

市场预测图中，表示了各个年度各个市场中 P 系列产品的预测资料，由左边的柱形图和右边的折线图构成。柱形图中的横坐标代表年，纵坐标上标注的数字代表产品数量，各产品下柱形的高度代表该产品某年的市场预测需求总量。折线图中的横坐标表示年，纵坐标表示价格。以下的市场预测，为8组企业的市场预测图示。

1. 本地市场

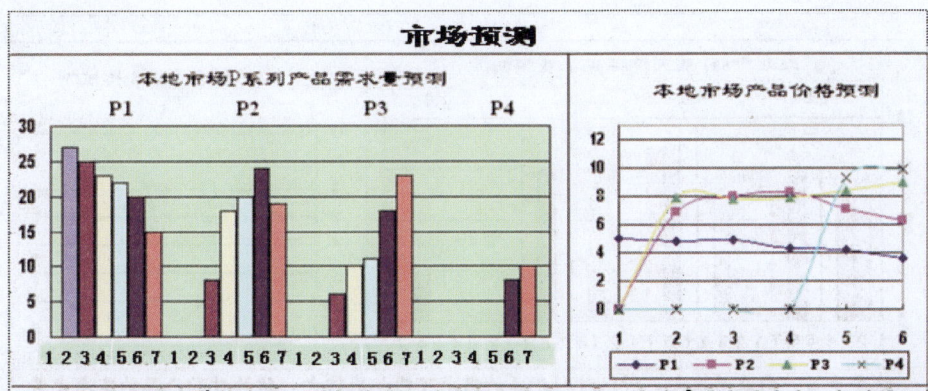

本地市场将会持续发展，对低端产品的需求可能要下滑，伴随着需求的减少，低端产品的价格很有可能走低。后几年，随着高端产品的成熟，市场对P3、P4产品的需求将会逐渐增大。由于客户对质量意识的不断提高，后几年可能对产品的ISO9000和ISO14000认证有更多的需求。

2. 区域市场

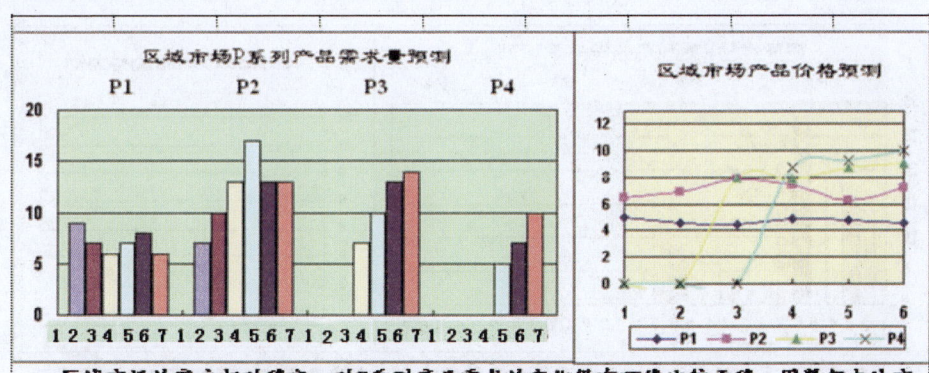

区域市场的客户相对稳定，对P系列产品需求的变化很有可能比较平稳。因紧邻本地市场，所以产品需求量的走势可能与本地市场相似，价格趋势也应大致一样。该市场容量有限，对高端产品的需求也可能相对较小，但客户会对产品的ISO9000和ISO14000认证有较高的要求。

3. 国内市场

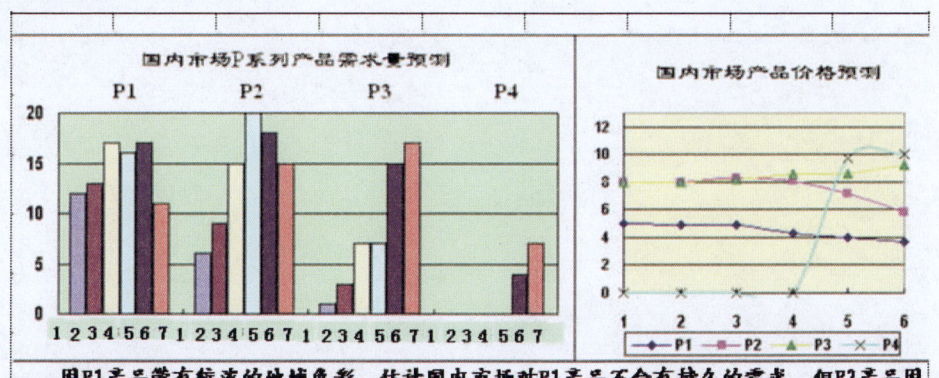

因P1产品带有较浓的地域色彩，估计国内市场对P1产品不会有持久的需求。但P2产品因更适合于国内市场，估计需求一直比较平稳。随着对P系列产品的逐渐认同，估计对P3产品的需求会发展较快。但对P4产品的需求就不一定象P3产品那样旺盛了。当然，对高价值的产品来说，客户一定会更注重产品的质量认证。

4. 亚洲市场

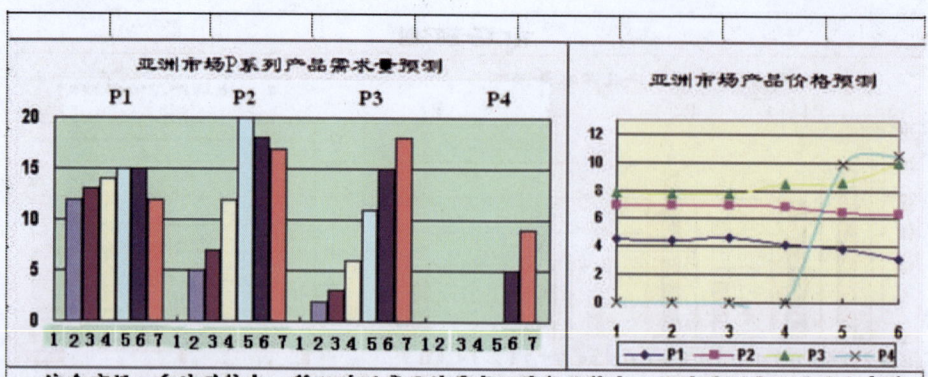

这个市场一向波动较大，所以对P1产品的需求可能起伏较大，估计对P2产品的需求走势与P1相似。但该市场对新产品很敏感，因此估计对P3、P4产品的需求量会发展较快，价格也可能不菲。另外，这个市场的消费者很看中产品的质量，所以没有ISO9000和ISO14000认证的产品可能很难销售。

5. 国际市场

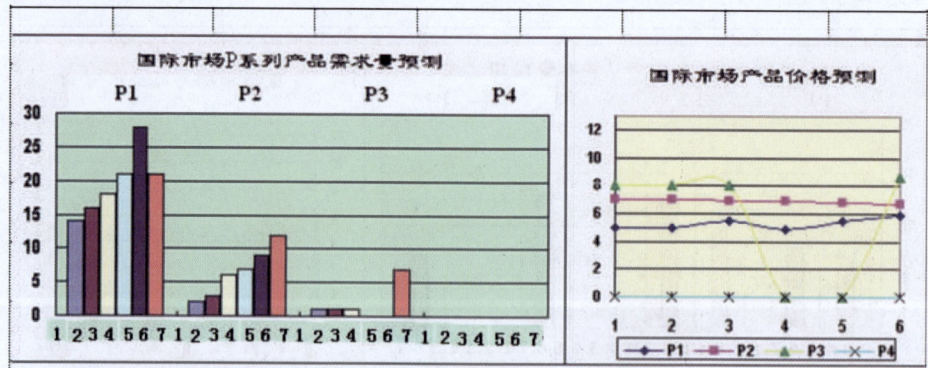

P系列产品进入国际市场可能需要一个较长的时期。有迹象表明，对P1产品已经有所认同，但还需要一段时间才能被市场接受。同样，对P2、P3和P4产品也会很谨慎的接受。需求发展较慢。当然，国际市场的客户也会关注具有ISO认证的产品。

二、企业正式经营第一年

企业经营记录表

组别：____第____年			记录人：____职务：	
企业经营流程 请按顺序执行下列各项操作。			每执行完一项操作，请在相应的方格内打勾。 同时在方格中填写现金收支情况，收入用+，支出用-。	
年初	年初规划会议/现金盘点			
	广告投放			
	参加订货会选订单/登记订单			
	支付应付税			
1	季初盘点（请填余额）			
2	更新短期贷款/短期贷款还本付息			
3	申请短期贷款			
4	原材料入库/更新原料订单			
5	下原料订单			
6	购买/租用——厂房			
7	更新生产/完工入库			
8	新建/在建/转产/变卖——生产线			
9	紧急采购（随时进行）			
10	开始下一批生产			
11	更新应收款/应收款收现			
12	按订单交货			
13	产品研发投资			
14	厂房——出售(买转租)/退租/租转买			
15	支付管理费			
16	更新厂房租金			
17	出售库存			
18	厂房贴现			
19	应收款贴现			
20	季末收入合计			
21	季末支出合计			
22	季末数额对账[（1）+（21）+（22）]\			
年末	支付长贷利息、更新长期贷款/长期贷款还款			
	申请长期贷款			
	缴纳违约订单罚款			
	支付设备维护费			
	计提折旧			（ ）
	新市场开拓			
	ISO资格投资			
	结账			

1. 第1年企业经营记录表
2. 第1年财务报表

(1) 第1年综合管理费用明细表

项目	金额	备注
管理费		
广告费		
维修费		
租 金		
转产费		
市场准入		□区域　□国内　□亚洲　□国际
ISO 资格认证		□ ISO9000　□ ISO14000
产品研发		P2(　)　P3(　)　P4(　)
其 他		
合 计		

(2) 第1年利润表/损益表

项目	金额
销售收入	
直接成本	
毛利	
综合费用	
折旧前利润	
折旧	
支付利息前利润	
财务支出	
税前利润	
所得税	
净利润	

(3) 第1年资产负债表

项目	金额	项目	金额
现金		长期负债	
应收款		短期负债	
在制品		应交所得税	
产成品		——	——
原材料		——	——
流动资产合计		负债合计	
厂房		股东资本	
生产线		利润留存	
在建工程		年度净利	
固定资产合计		所有者权益合计	
资产总计		负债和所有者权益总计	

3. 第1年笔记事项

三、企业正式经营第二年

1. 第 2 年广告费投放

组别：_____ 第 _____ 年

产品＼市场	本地	区域	国内	亚洲	国际
P1					
P2					
P3					
P4					

2. 第 2 年订单登记表

订单号										合计
市场										
产品										
数量										
账期										
销售额										
成本										
毛利										
未售										

3. 第 2 年企业经营记录表

企业经营记录表

组别：_____ 第 _____ 年　　　　　　　记录人：_____ 职务：_____

	企业经营流程 请按顺序执行下列各项操作。		每执行完一项操作,请在相应的方格内打勾。 同时在方格中填写现金收支情况,收入用 +,支出用 -。	
年初	年初规划会议/现金盘点			
	广告投放			
	参加订货会选订单/登记订单			
	支付应付税			
1	季初盘点（请填余额）			
2	更新短期贷款/短期贷款还本付息			
3	申请短期贷款			
4	原材料入库/更新原料订单			

续表

5	下原料订单					
6	购买/租用——厂房					
7	更新生产/完工入库					
8	新建/在建/转产/变卖——生产线					
9	紧急采购(随时进行)					
10	开始下一批生产					
11	更新应收款/应收款收现					
12	按订单交货					
13	产品研发投资					
14	厂房——出售(买转租)/退租/租转买					
15	支付管理费					
16	更新厂房租金					
17	出售库存					
18	厂房贴现					
19	应收款贴现					
20	季末收入合计					
21	季末支出合计					
22	季末数额对账[(1)+(21)+(22)]\					
年末	支付长贷利息、更新长期贷款/长期贷款还款					
	申请长期贷款					
	缴纳违约订单罚款					
	支付设备维护费					
	计提折旧					( )
	新市场开拓					
	ISO 资格投资					
	结账					

4．第2年产品销售核算表

项目＼产品	P1	P2	P3	P4	合计
数量					
销售额					
成本					
毛利					

5. 第2年财务报表

(1) 第2年综合管理费用明细表

项目	金额	备注
管理费		
广告费		
维修费		
租金		
转产费		
市场准入		□区域 □国内 □亚洲 □国际
ISO资格认证		□ ISO9000 □ ISO14000
产品研发		P2( ) P3( ) P4( )
其他		
合计		

(2) 第2年利润表/损益表

项目	金额
销售收入	
直接成本	
毛利	
综合费用	
折旧前利润	
折旧	
支付利息前利润	
财务支出	
税前利润	
所得税	
净利润	

(3) 第2年资产负债表

项目	金额	项目	金额
现金		长期负债	
应收款		短期负债	
在制品		应交所得税	
产成品		——	——

续表

原材料		——	——
流动资产合计		负债合计	
厂房		股东资本	
生产线		利润留存	
在建工程		年度净利	
固定资产合计		所有者权益合计	
资产总计		负债和所有者权益总计	

3. 第 2 年笔记事项

四、企业正式经营第三年

1. 第 3 年广告费投放

组别：_____ 第_____年

产品＼市场	本地	区域	国内	亚洲	国际
P1					
P2					
P3					
P4					

2. 第 3 年订单登记表

订单号										合计
市场										
产品										
数量										
账期										
销售额										
成本										
毛利										
未售										

3. 第 3 年企业经营记录表

企业经营记录表

组别：____第____年		记录人：____职务：____				
企业经营流程 请按顺序执行下列各项操作。		每执行完一项操作，请在相应的方格内打勾。 同时在方格中填写现金收支情况，收入用＋，支出用－。				
年初	年初规划会议/现金盘点					
	广告投放					
	参加订货会选订单/登记订单					
	支付应付税					
1	季初盘点（请填余额）					
2	更新短期贷款/短期贷款还本付息					
3	申请短期贷款					
4	原材料入库/更新原料订单					
5	下原料订单					
6	购买/租用——厂房					
7	更新生产/完工入库					
8	新建/在建/转产/变卖——生产线					
9	紧急采购（随时进行）					
10	开始下一批生产					
11	更新应收款/应收款收现					
12	按订单交货					
13	产品研发投资					
14	厂房——出售（买转租）/退租/租转买					
15	支付管理费					
16	更新厂房租金					
17	出售库存					
18	厂房贴现					
19	应收款贴现					
20	季末收入合计					
21	季末支出合计					
22	季末数额对账［（1）＋（21）＋（22）］\					

续表

年末	支付长贷利息、更新长期贷款/长期贷款还款		
	申请长期贷款		
	缴纳违约订单罚款		
	支付设备维护费		
	计提折旧		( )
	新市场开拓		
	ISO 资格投资		
	结账		

4. 第 3 年产品销售核算表

项目＼产品	P1	P2	P3	P4	合计
数量					
销售额					
成本					
毛利					

5. 第 3 年财务报表

(1) 第 3 年综合管理费用明细表

项目	金额	备注
管理费		
广告费		
维修费		
租 金		
转产费		
市场准入		□区域　□国内　□亚洲　□国际
ISO 资格认证		□ ISO9000　□ISO14000
产品研发		P2( )　P3( )　P4( )
其 他		
合 计		

(2) 第 3 年利润表/损益表

项目	金额
销售收入	
直接成本	
毛利	
综合费用	
折旧前利润	
折旧	
支付利息前利润	
财务支出	
税前利润	
所得税	
净利润	

(3) 第 3 年资产负债表

项目	金额	项目	金额
现金		长期负债	
应收款		短期负债	
在制品		应交所得税	
产成品		——	——
原材料		——	——
流动资产合计		负债合计	
厂房		股东资本	
生产线		利润留存	
在建工程		年度净利	
固定资产合计		所有者权益合计	
资产总计		负债和所有者权益总计	

3. 第 3 年笔记事项

五、企业正式经营第四年

1. 第4年广告费投放

组别：_____ 第 _____ 年

产品＼市场	本地	区域	国内	亚洲	国际
P1					
P2					
P3					
P4					

2. 第4年订单登记表

订单号										合计
市场										
产品										
数量										
账期										
销售额										
成本										
毛利										
未售										

3. 第4年企业经营记录表

企业经营记录表

组别：_____ 第 _____ 年　　　　　　记录人：_____ 职务：_____

企业经营流程 请按顺序执行下列各项操作。		每执行完一项操作，请在相应的方格内打勾。同时在方格中填写现金收支情况，收入用＋，支出用－。				
年初	年初规划会议/现金盘点					
	广告投放					
	参加订货会选订单/登记订单					
	支付应付税					
1	季初盘点（请填余额）					
2	更新短期贷款/短期贷款还本付息					
3	申请短期贷款					
4	原材料入库/更新原料订单					

续表

5	下原料订单					
6	购买/租用——厂房					
7	更新生产/完工入库					
8	新建/在建/转产/变卖——生产线					
9	紧急采购(随时进行)					
10	开始下一批生产					
11	更新应收款/应收款收现					
12	按订单交货					
13	产品研发投资					
14	厂房——出售(买转租)/退租/租转买					
15	支付管理费					
16	更新厂房租金					
17	出售库存					
18	厂房贴现					
19	应收款贴现					
20	季末收入合计					
21	季末支出合计					
22	季末数额对账[(1)+(21)+(22)]\					
年末	支付长贷利息、更新长期贷款/长期贷款还款					
	申请长期贷款					
	缴纳违约订单罚款					
	支付设备维护费					
	计提折旧					( )
	新市场开拓					
	ISO 资格投资					
	结账					

4. 第 4 年产品销售核算表

项目＼产品	P1	P2	P3	P4	合计
数量					
销售额					
成本					
毛利					

5. 第 4 年财务报表

(1) 第 4 年综合管理费用明细表

项目	金额	备注
管理费		
广告费		
维修费		
租金		
转产费		
市场准入		□区域　□国内　□亚洲　□国际
ISO 资格认证		□ ISO9000　　□ ISO14000
产品研发		P2( )　P3( )　P4( )
其他		
合计		

(2) 第 4 年利润表/损益表

项目	金额
销售收入	
直接成本	
毛利	
综合费用	
折旧前利润	
折旧	
支付利息前利润	
财务支出	
税前利润	
所得税	
净利润	

(3) 第 4 年资产负债表

项目	金额	项目	金额
现金		长期负债	
应收款		短期负债	
在制品		应交所得税	
产成品		——	——

续表

原材料		——	——
流动资产合计		负债合计	
厂房		股东资本	
生产线		利润留存	
在建工程		年度净利	
固定资产合计		所有者权益合计	
资产总计		负债和所有者权益总计	

3. 第4年笔记事项

六、企业正式经营第五年

1. 第5年广告费投放

组别：_____ 第_____ 年

产品＼市场	本地	区域	国内	亚洲	国际
P1					
P2					
P3					
P4					

2. 第5年订单登记表

订单号								合计
市场								
产品								
数量								
账期								
销售额								
成本								
毛利								
未售								

3. 第 5 年企业经营记录表

企业经营记录表

| 组别：_____第_____年 | | | 记录人：_____职务：_____ | | | |

企业经营流程 请按顺序执行下列各项操作。			每执行完一项操作，请在相应的方格内打勾。 同时在方格中填写现金收支情况，收入用＋，支出用－。			
年初	年初规划会议/现金盘点					
	广告投放					
	参加订货会选订单/登记订单					
	支付应付税					
1	季初盘点（请填余额）					
2	更新短期贷款/短期贷款还本付息					
3	申请短期贷款					
4	原材料入库/更新原料订单					
5	下原料订单					
6	购买/租用——厂房					
7	更新生产/完工入库					
8	新建/在建/转产/变卖——生产线					
9	紧急采购（随时进行）					
10	开始下一批生产					
11	更新应收款/应收款收现					
12	按订单交货					
13	产品研发投资					
14	厂房——出售（买转租）/退租/租转买					
15	支付管理费					
16	更新厂房租金					
17	出售库存					
18	厂房贴现					
19	应收款贴现					
20	季末收入合计					
21	季末支出合计					
22	季末数额对账[(1)＋(21)＋(22)]\					

续表

年末	支付长贷利息、更新长期贷款/长期贷款还款		
	申请长期贷款		
	缴纳违约订单罚款		
	支付设备维护费		
	计提折旧		( )
	新市场开拓		
	ISO 资格投资		
	结账		

4. 第 5 年产品销售核算表

项目＼产品	P1	P2	P3	P4	合计
数量					
销售额					
成本					
毛利					

5. 第 5 年财务报表

(1) 第 5 年综合管理费用明细表

项目	金额	备注
管理费		
广告费		
维修费		
租金		
转产费		
市场准入		□区域　□国内　□亚洲　□国际
ISO 资格认证		□ ISO9000　□ ISO14000
产品研发		P2( )　P3( )　P4( )
其他		
合计		

(2) 第 5 年利润表/损益表

项目	金额
销售收入	
直接成本	
毛利	
综合费用	
折旧前利润	
折旧	
支付利息前利润	
财务支出	
税前利润	
所得税	
净利润	

(3) 第 5 年资产负债表

项目	金额	项目	金额
现金		长期负债	
应收款		短期负债	
在制品		应交所得税	
产成品		——	——
原材料		——	——
流动资产合计		负债合计	
厂房		股东资本	
生产线		利润留存	
在建工程		年度净利	
固定资产合计		所有者权益合计	
资产总计		负债和所有者权益总计	

3. 第 5 年笔记事项

七、企业正式经营第六年

1. 第6年广告费投放

组别：_____ 第_____年

产品＼市场	本地	区域	国内	亚洲	国际
P1					
P2					
P3					
P4					

2. 第6年订单登记表

订单号									合计
市场									
产品									
数量									
账期									
销售额									
成本									
毛利									
未售									

3. 第6年企业经营记录表

企业经营记录表

组别：_____ 第_____年　　　　　　　记录人：_____ 职务：

企业经营流程
请按顺序执行下列各项操作。

每执行完一项操作，请在相应的方格内打勾。
同时在方格中填写现金收支情况，收入用＋，支出用－。

年初	年初规划会议/现金盘点		
	广告投放		
	参加订货会选订单/登记订单		
	支付应付税		
1	季初盘点（请填余额）		
2	更新短期贷款/短期贷款还本付息		
3	申请短期贷款		
4	原材料入库/更新原料订单		

续表

5	下原料订单				
6	购买/租用——厂房				
7	更新生产/完工入库				
8	新建/在建/转产/变卖——生产线				
9	紧急采购(随时进行)				
10	开始下一批生产				
11	更新应收款/应收款收现				
12	按订单交货				
13	产品研发投资				
14	厂房——出售(买转租)/退租/租转买				
15	支付管理费				
16	更新厂房租金				
17	出售库存				
18	厂房贴现				
19	应收款贴现				
20	季末收入合计				
21	季末支出合计				
22	季末数额对账[(1)+(21)+(22)]\				
年末	支付长贷利息、更新长期贷款/长期贷款还款				
	申请长期贷款				
	缴纳违约订单罚款				
	支付设备维护费				
	计提折旧				( )
	新市场开拓				
	ISO 资格投资				
	结账				

4. 第6年产品销售核算表

项目＼产品	P1	P2	P3	P4	合计
数量					
销售额					
成本					
毛利					

5. 第 6 年财务报表

(1) 第 6 年综合管理费用明细表

项目	金额	备注
管理费		
广告费		
维修费		
租金		
转产费		
市场准入		□区域　□国内　□亚洲　□国际
ISO资格认证		□ISO9000　□ISO14000
产品研发		P2（ ）　P3（ ）　P4（ ）
其他		
合计		

(2) 第 6 年利润表/损益表

项目	金额
销售收入	
直接成本	
毛利	
综合费用	
折旧前利润	
折旧	
支付利息前利润	
财务支出	
税前利润	
所得税	
净利润	

(3) 第 6 年资产负债表

项目	金额	项目	金额
现金		长期负债	
应收款		短期负债	
在制品		应交所得税	
产成品		——	——

续表

原材料		——	——
流动资产合计		负债合计	
厂房		股东资本	
生产线		利润留存	
在建工程		年度净利	
固定资产合计		所有者权益合计	
资产总计		负债和所有者权益总计	

3. 第 6 年笔记事项

项目五　电子沙盘经营

【能力目标】

➢ 通过模拟企业经营的运作，掌握企业经营管理工作各个环节的关系及其各自的功能。

➢ 掌握物流、信息流、资金流的内容与流向，构建起对企业经营管理框架和运作流程的基本认识，进一步体会企业的管理、生产和销售运作模式。

➢ 模拟企业经营管理的实际情景，培养团队管理能力和决策能力。

➢ 完成相应季度企业经营工作，完成实验报告和数据记录。

【项目引例】

　　电子沙盘，是企业运行的一种电子化反映，把企业经营模拟到了计算机中，借助于电子沙盘软件的辅助，实现物理沙盘中企业模拟经营。

　　和物理沙盘相比，优点是简洁、易操作，缺点是不如物理沙盘直观。本书要介绍的电子沙盘，是新道科技的新创业者V5.0和新商战V5.0两种版本。

　　电子沙盘，是企业运行的一种电子化反映，把企业经营模拟到了计算机中，借助于电子沙盘软件的辅助，实现物理沙盘中企业模拟经营。

　　和物理沙盘相比，优点是简洁、易操作，缺点是不如物理沙盘直观。本书要介绍的电子沙盘，是新道科技的新创业者V5.0和新商战V5.0两种版本。

5.1 创业者经营

创业者电子沙盘,是新道科技组织开发的一款物理沙盘的电子化软件。创业者电子沙盘,可以实现和物理沙盘的完全对接,电子经营和物理沙盘盘面相辅相成,更加直观、高效的反映了企业的运营流程。

在操作创业者电子沙盘的时候,请结合物理沙盘的经营去理解、掌握。在经营中,同样也要随时做好企业运营记录表的记录。

如果没做特别说明,股东资本默认为60M。

一、经营规则介绍

在物理沙盘经营规则的基础上,稍作修改,形成创业者电子沙盘的经营规则。

1. 生产线

生产线	购置费	安装周期	生产周期	总转产费	转产周期	维修费	残值
超级手工线	5M	无	2Q	0M	无	1M/年	1M
自动线	15M	3Q	1Q	2M	1Q	2M/年	3M
柔性线	20M	4Q	1Q	0M	无	2M/年	4M
租赁线	0M	无	1Q	0M	无	-6M/年	-6M

不论何时出售生产线,从生产线净值中取出相当于残值的部分计入现金,净值与残值之差计入损失;只有空的并且已经建成的生产线方可转产;当年建成的生产线、转产中生产线都要交维修费。

2. 折旧(平均年限法)

生产线	购置费	残值	建成第1年	建成第2年	建成第3年	建成第4年	建成第5年
手工线	5M	1M	0	1M	1M	1M	1M
自动线	15M	3M	0	3M	3M	3M	3M
柔性线	20M	4M	0	4M	4M	4M	4M

当年建成生产线当年不提折旧,当净值等于残值时生产线不再计提折旧,但可以继续使用。

3. 融资

贷款类型	贷款时间	贷款额度	年息	还款方式
长期贷款	每年年初	所有长贷和短贷之和不能超过上年权益的3倍	10%	年初付息，到期还本；每次贷款为10的倍数
短期贷款	每季度初		5%	到期一次还本付息；每次贷款为20的倍数
资金贴现	任何时间	视应收款额	10%（1季，2季）12.5%（3季，4季）	变现时贴息，可对1、2季应收联合贴现（3、4季同理）。
库存拍卖		原材料八折，成品按成本价		

4. 厂房

厂房	买价	租金	售价	容量	
大厂房	40M	5M/年	40M	6条	厂房出售得到4个账期的应收款，紧急情况下可厂房贴现（4季贴现），直接得到现金，如厂房中有生产线，同时要扣租金。
小厂房	30M	3M/年	30M	4条	

每季均可租或买，租满一年的厂房在满年的季度（如第二季租的，则在以后各年第二季为满年，可进行处理），需要用"厂房处置"进行"租转买"、"退租"（当厂房中没有任何生产线时）等处理，如果未加处理，则原来租用的厂房在满年季末自动续租；厂房不计提折旧；生产线不允许在不同厂房间移动。

5. 市场准入

市场	开发费	时间	
本地	1M/年	1年	开发费用按开发时间在年末平均支付，不允许加速投资。市场开发完成后，领取相应的市场准入证。
区域	1M/年	1年	
国内	1M/年	2年	
亚洲	1M/年	3年	
国际	1M/年	4年	

无须交维护费，中途停止使用，也可继续拥有资格并在以后年份使用。

6. 资格认证

认证	ISO9000	ISO14000	
时间	2年	2年	平均支付，认证完成后可以领取相应的ISO资格证。可中断投资。
费用	1M/年	2M/年	

无须交维护费，中途停止使用，也可继续拥有资格并在以后年份使用。

7. 产品

名称	开发费用	开发周期	加工费	直接成本	产品组成
P1	1M/季	2季	1M/个	2M/个	R1
P2	1M/季	3季	1M/个	3M/个	R2 + R3
P3	1M/季	4季	1M/个	4M/个	R1 + R3 + R4
P4	1M/季	5季	1M/个	5M/个	R2 + R3 + 2R4

8. 原料

名称	购买价格	提前期
R1	1M/个	1季
R2	1M/个	1季
R3	1M/个	2季
R4	1M/个	2季

9. 紧急采购

付款即到货，原材料价格为直接成本的2倍，成品价格为直接成本的3倍。

紧急采购原材料和产品时，直接扣除现金。上报报表时，成本仍然按照标准成本记录，紧急采购多付出的成本计入费用表损失项。

10. 选单规则

市场老大（某市场上年所有产品销售总和第一且该市场无违约）有优先选单权（有若干队销售并列第一，则老大随机或可能无老大）；以本市场本产品广告额投放大小顺序依次选单；如果两队本市场本产品广告额相同，则看本市场广告投放总额；如果本市场广告总额也相同，则看上年市场销售排名；如仍无法决定，先投广告者先选单。第一年无订单。

提请注意：

● 必须在倒计时大于10秒时选单，出现确认框要在三秒内按下确认按纽，否则可能造成选单无效。

● 在某细分市场（如本地、P1）有多次选单机会，只要放弃一次，则视同放弃该细分市场所有选单机会。

11. 订单违约

订单必须在规定季或提前交货，应收账期从交货季开始算起。

12. 取整规则

违约金扣除——向下取整；库存拍卖所得现金——向下取整；贴现费用——向上取整；扣税——向下取整。

13. 特殊费用项目

库存折价拍卖、生产线变卖、紧急采购、订单违约、增减资（增资计损失为负）操作计入其他损失。

14. 重要参数

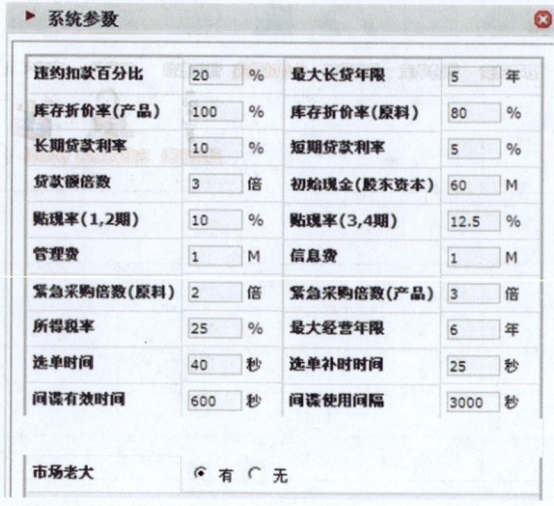

提请注意：

● 每市场每产品选单时第一个队选单时间为 60 秒，自第二个队起，选单时间设为 40 秒；放弃一次，就放弃了该产品在该市场以后所有的机会。

● 信息费 1M/次，即间谍费用 1M/次，时长为 10 分钟，超过 10 分钟，就要再花钱。

16. 竞赛排名

完成预先规定的经营年限，将根据各队的最后分数进行评分，分数高者优胜。

总成绩 = 所有者权益 ×（1 + 企业综合发展潜力/100）− 罚分

企业综合发展潜力如下：

项目	综合发展潜力系数
手工生产线	+5/条
全自动/柔性线	+10/条
区域市场开发	+10
国内市场开发	+10
亚洲市场开发	+10
国际市场开发	+10
ISO9000	+10
ISO14000	+10
P1 产品开发	+10
P2 产品开发	+10
P3 产品开发	+10
P4 产品开发	+10

项目五 电子沙盘经

提请注意：

●如有苦干队分数相同，则最后一年在系统中先结束经营者排名靠前。

●生产线建成即加分，无须生产出产品，也无须有在制品。市场老大和厂房无加分。

二、系统登录

1. 打开 IE 浏览器。

2. 在地址栏输入 http://服务器 IP 地址:8080，进入系统。

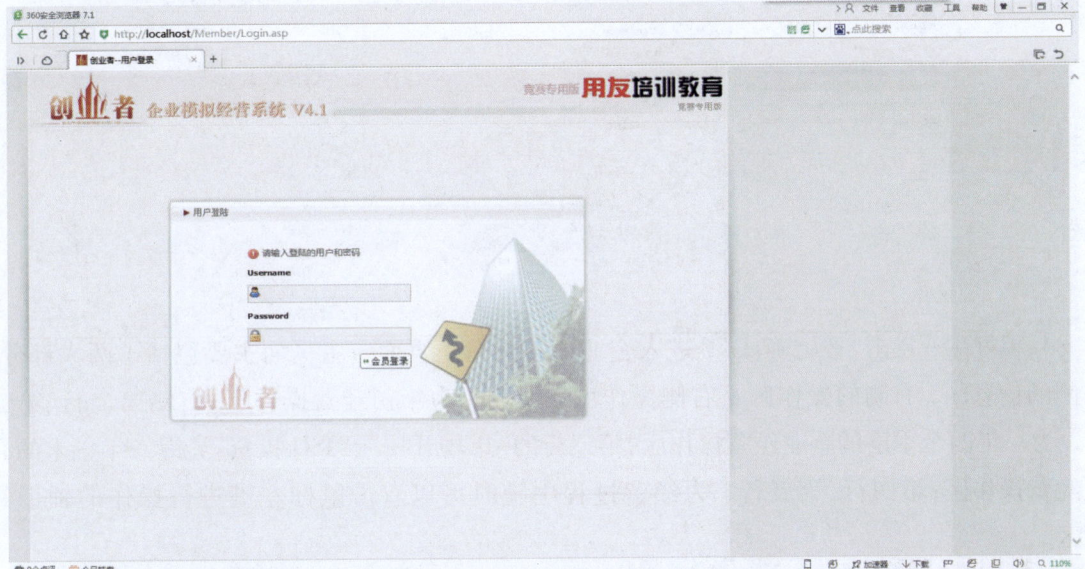

3. 用户名为公司代码 U01、U02、U03 等，首次登录的初始密码为"1"。第一次登录需要填写：公司名称（必填）、所属学校（必填）、各职位人员姓名（如有多人，可以在一个职位中输入两个以上的人员姓名）（必填）。登记确认后不可更改。务必重设密码。

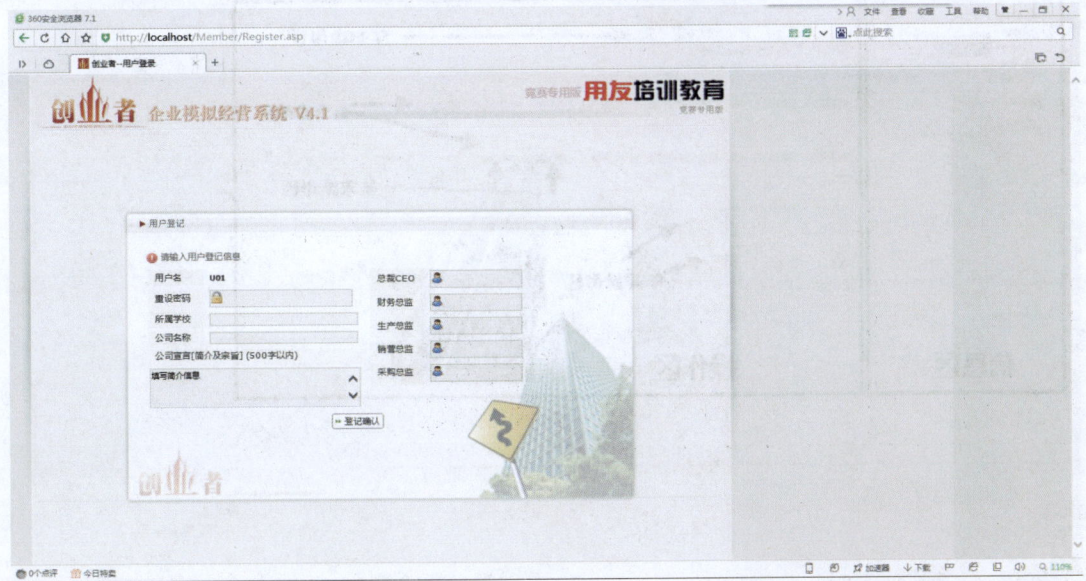

· 77 ·

填好后的页面如下：

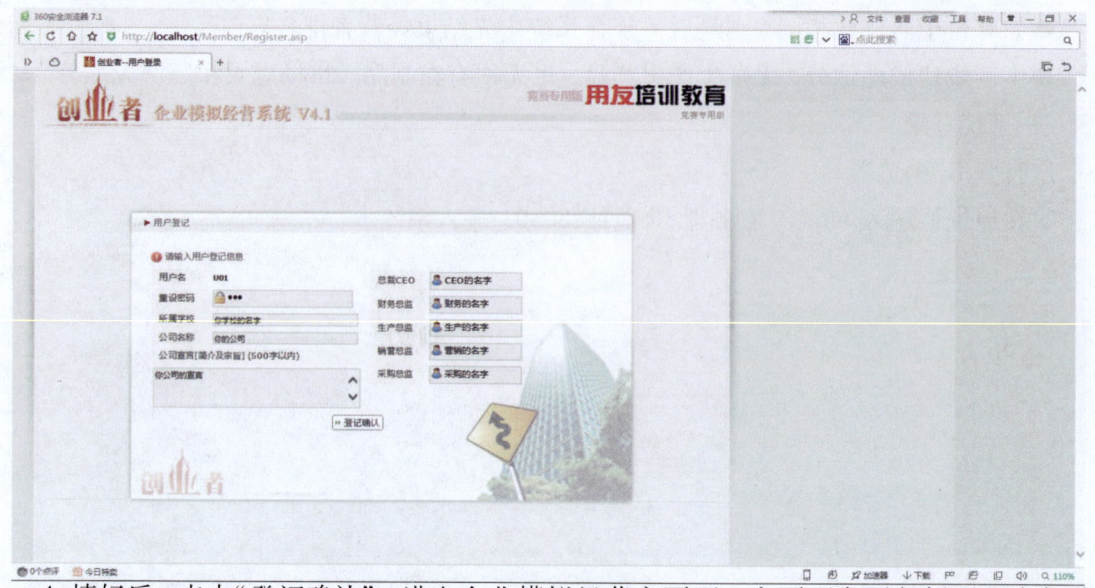

4. 填好后，点击"登记确认"，进入企业模拟经营主页面。主页面主要包括了两大部分，左侧的信息区，右侧的操作区。右侧操作区第一行，为年初经营操作区；右侧第二行、第三行，为一年四个季度的企业经营操作区；第三行的"市场开拓"、"ISO投资"，为一年年末的企业经营操作区；第四行、第五行，为经营过程中随时可以双击鼠标左键进行操作的辅助经营区。

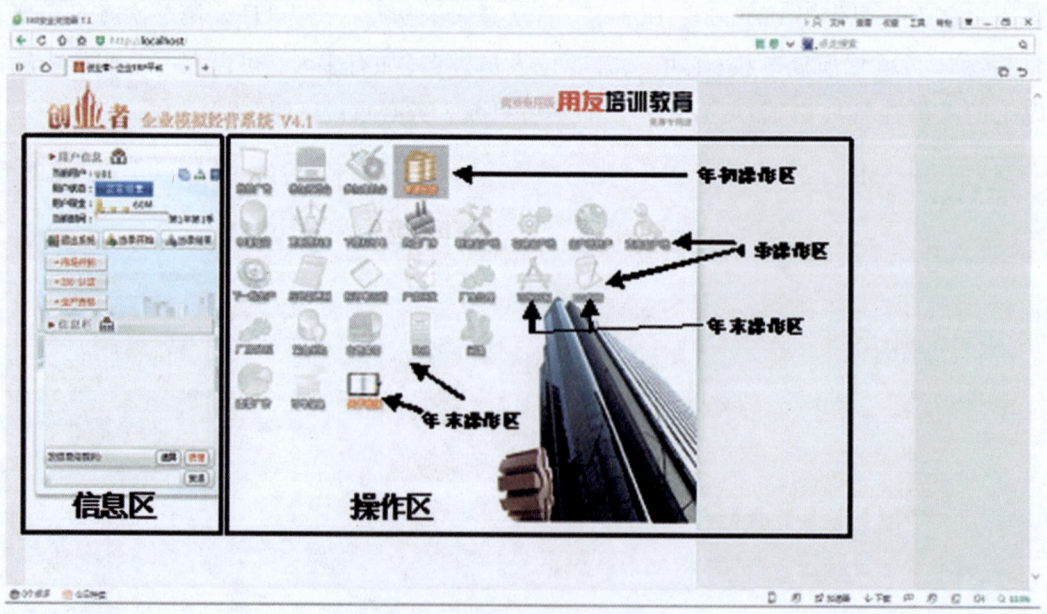

5. 在主页面中，有一些信息没有呈现出来，可以随时查看，以获得一信息，帮助进行企业运营。点击左侧信息区的 ■ 按钮，查看企业资产、生产、库存信息等。

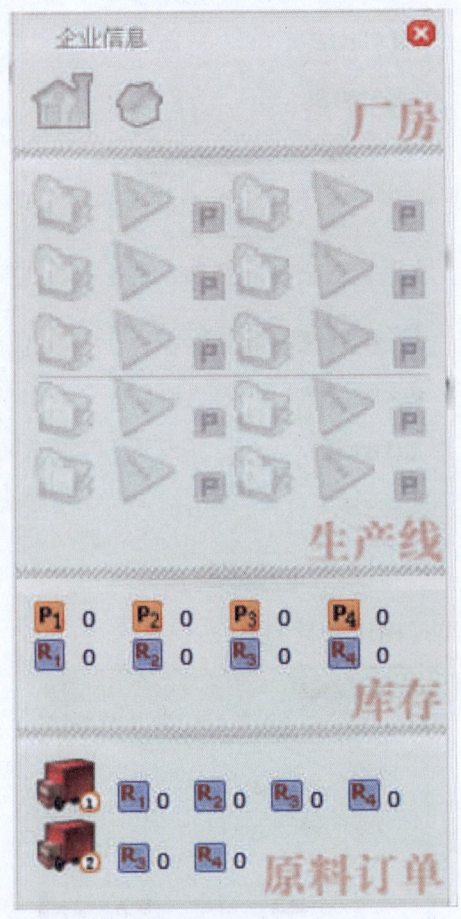

三、模拟起始年经营

在操作过程中，要做好企业运营记录表的记录。

（一）年初经营

1. 点击年初操作区的"申请长贷"按钮，可以进行长期贷款的选择。

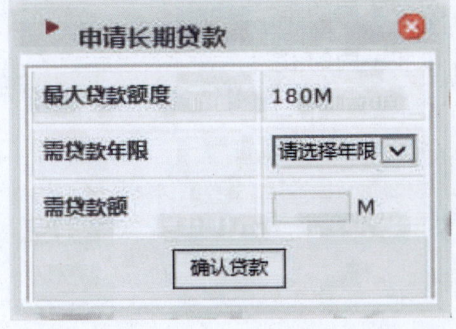

点击需贷款年限的下拉菜单，出现贷款年限的选择。

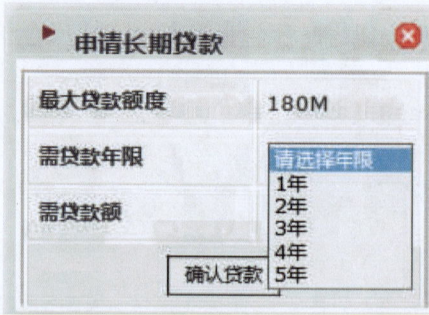

点击需贷款额下拉菜单，填入贷款金额。例如，此处贷款60M，填入60。

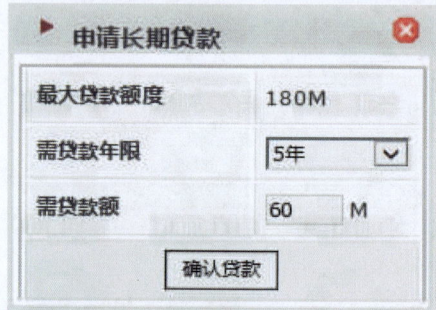

点击"确认贷款"后，会出现确认贷款的窗口：

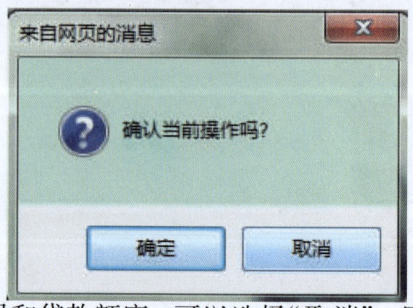

如果想回去修改贷款年限和贷款额度，可以选择"取消"，回去修改。点"确定"，代表确认长期贷款的年限和额度。确定后，会弹出贷款成功的窗口。

注意:确定后，长期贷款按钮依然存在:说明，长期贷款可再次贷款。即长期贷款可以分不同的年限和不同的额度，重复操作。

2. 此时,查看左侧信息区的"用户现金",变成了120M(60+60)。

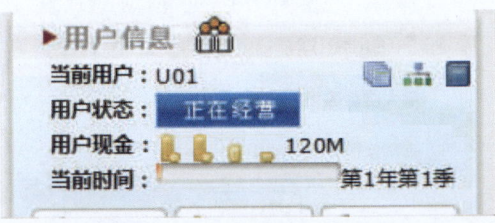

(二)第1季度经营

1. 点击左侧信息栏里的"当季开始"按钮,开始第1季度经营。自动完成的过程包括还本付息/更新短贷款、更新生产/完工入库、生产线完工/转产完工,见下图:

2. 确认第1季度开始经营后,右侧操作区将会变成如下图:

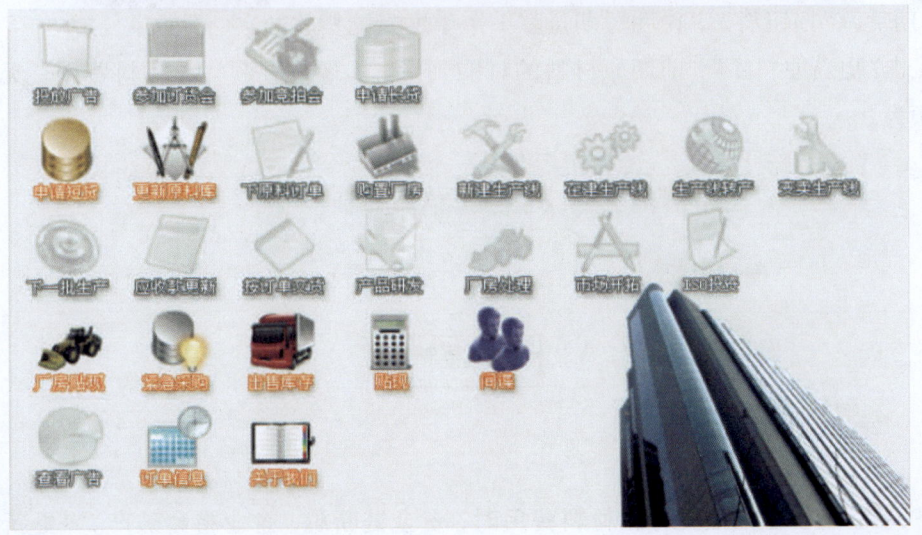

3. 点击"申请短贷"按钮，操作区将会变成如下图：

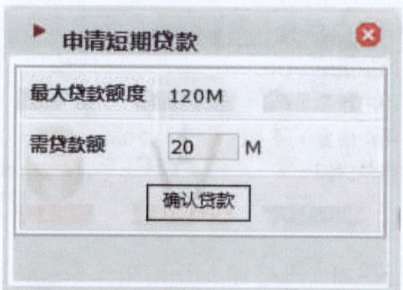

4. 贷款额度"20"为默认。此处，准备贷20M，故不用修改，点击"确认贷款"后，操作区将会变成如下图：

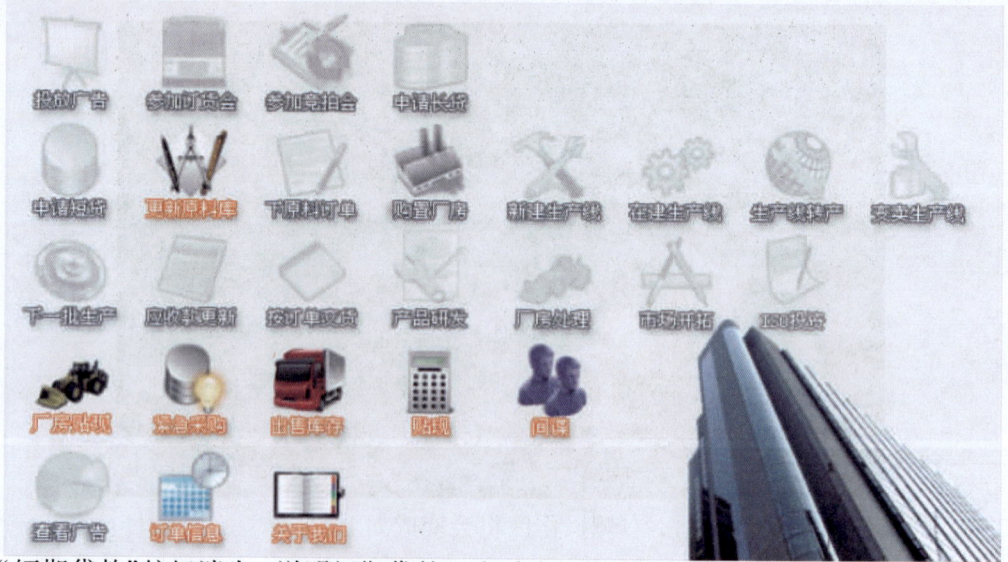

"短期贷款"按钮消失，说明短期贷款1个季度只能贷款一次，不能重复贷。

5. 点击"更新原料库"，前期原材料的订购到货时，现付金额为原材料费用。无到货时，现付金额为0。

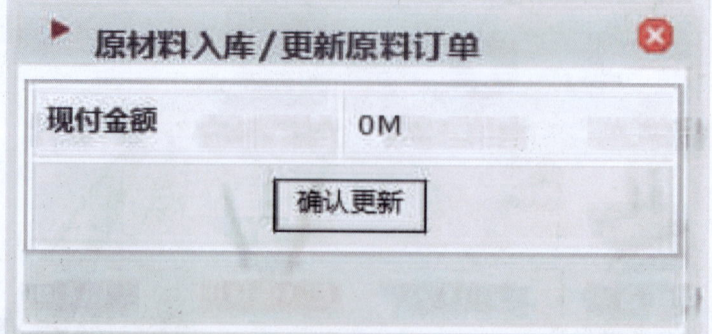

注意：若企业资金无法支付原材料费用时，资金链断裂，企业将会破产。"更新原料库"按钮必须点击操作，否则运营无法继续进行下去。

6. 点击"确认更新"后,操作区变成如下图:

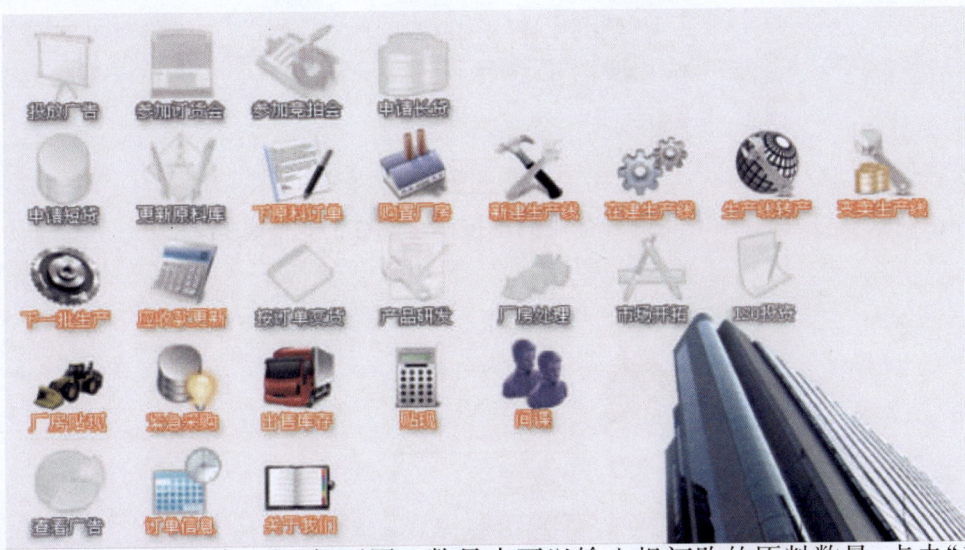

7. 点击"下原料订单"后,如下图。数量中可以输入想订购的原料数量,点击"确认订购"。若无订购,保持数量0不变,点击右上角叉号,不能用确认订购。

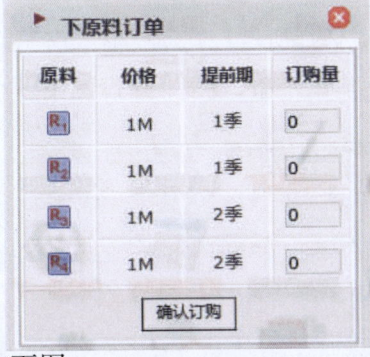

8. 点击"购置厂房"按钮,如下图。

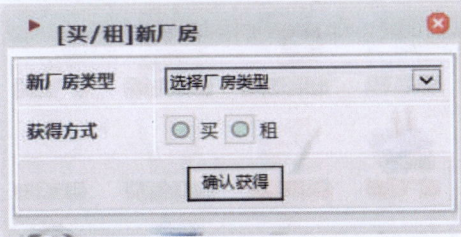

选择新厂房类型下拉菜单。

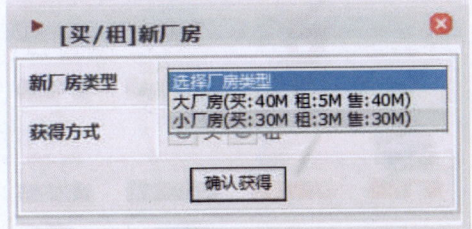

选择获得方式为"买"。

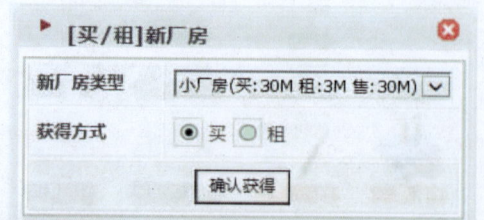

点击"确认获得"后,点击左侧的企业信息按键,查看企业信息:

9. 点击"新建生产线"按钮,选择所属厂房为"小厂房",新生产线类型为"柔性线",产品类型为"P3",点击确认获得,建设一条;重复,建设两条。

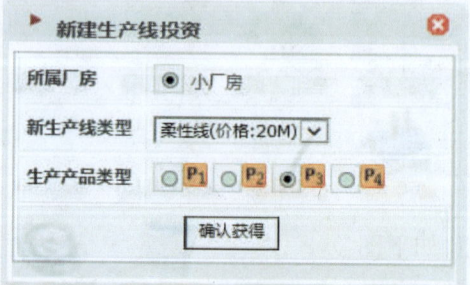

10. 点击左侧的企业信息按键,查看企业信息:

11. "在建生产线"按钮不需要时,可以不去点击操作。
12. "生产线转产"按钮不需要时,可以不去点击操作。
13. "变卖生产线"按钮不需要时,可以不去点击操作。
14. "下一批生产"按钮不需要时,可以不去点击操作。
15. 点击"应收款更新"按钮。

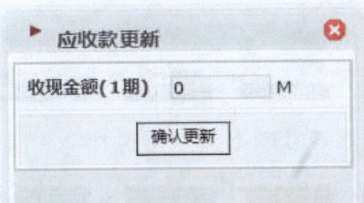

注意:"应收款更新"按钮,需要自己输入应收款额的数值,到期不输入,钱放在计算机手中,永远不会主动给你。输入多了,不给;输入少了,多余的留在计算机手中。并且,要知道"应收款更新"按钮是必须点击的操作按钮。不点击,将无法继续运行下去。

16. 点击"确认更新"按键,操作区界面如下图。

17. "按订单交货"按钮不需要时,可以不去点击操作。
18. 点击"产品研发"按钮,选中 P3,进行研发投资。

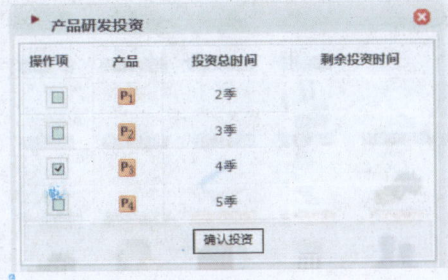

点击"确认投资"后,把鼠标放在左侧生产资格研发信息栏处,只显示 P3 的研发,其他没研发的不显示相应研发信息:

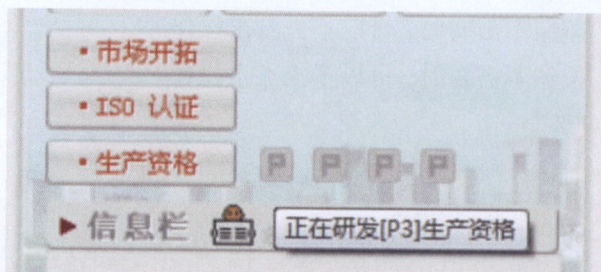

19. "厂房处理"按钮不需要时,可以不去点击操作。

20. 点击左侧信息栏的"当季结束"按钮,结束第 1 季度经营。自动完成的过程包括支付行政管理费、支付租金、检查"产品开发"完成情况。

(三)第 2 季度经营

1. 点击左侧信息栏里的"当季开始"按钮,开始第 2 季度经营。自动完成的过程包括还本付息/更新短贷款、更新生产/完工入库、生产线完工/转产完工,见下图:

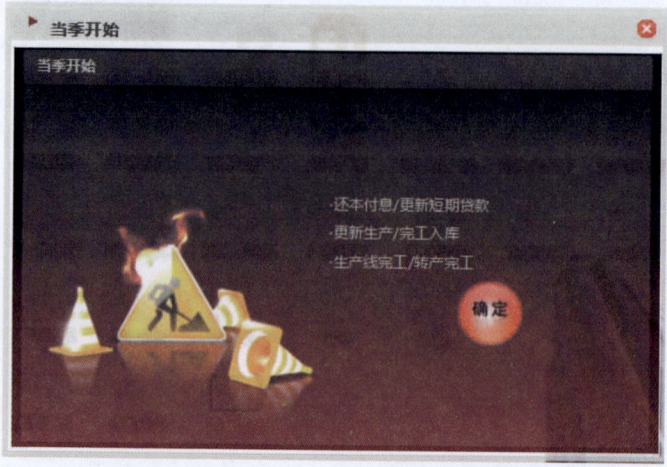

2. 确认第 2 季度开始经营后,右侧操作区将会变成如下图:

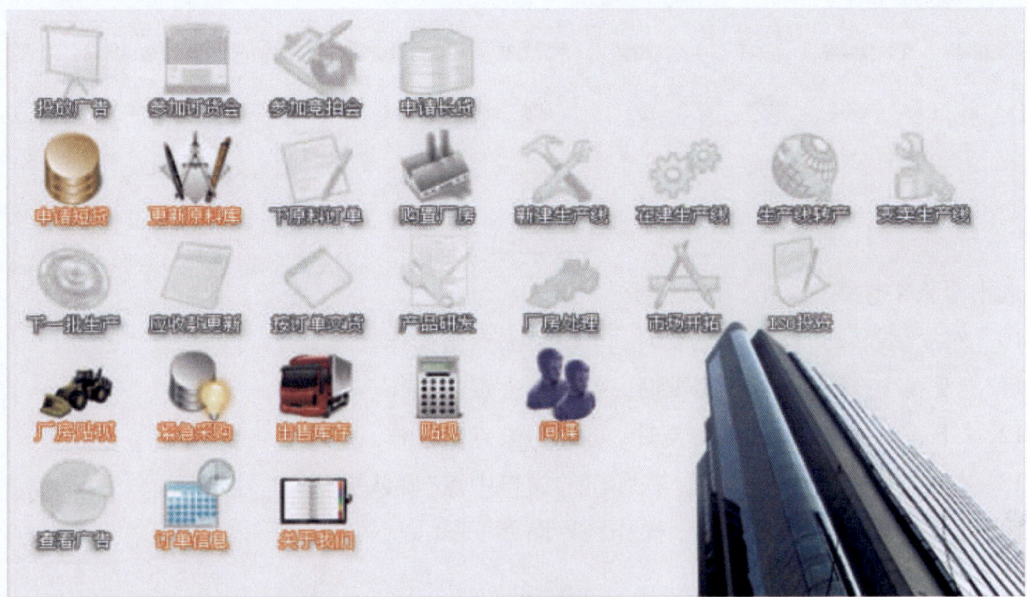

3. "申请短贷"按钮不需要时,可以不去点击操作。

4. 点击"更新原料库",第 1 季度无订购原料,现付金额为 0。

5. 点击"确认更新"后,操作区变成如下图:

6. "下原料订单"按钮不需要时,可以不去点击操作。

7. "购置厂房"按钮不需要时,可以不去点击操作。

8. "新建生产线"按钮不需要时,可以不去点击操作。

9. 点击"在建生产线"按钮,两条柔性线还剩 3 个季度建设期,如下图。

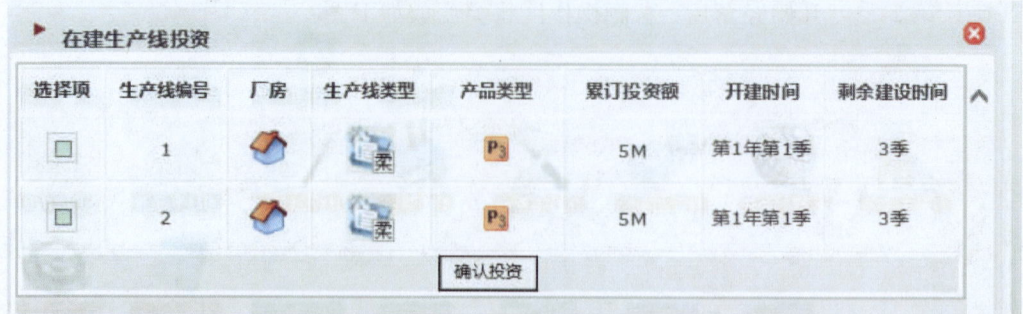

选中两条柔性线，点击"确认投资"。

10. "生产线转产"按钮不需要时，可以不去点击操作。
11. "变卖生产线"按钮不需要时，可以不去点击操作。
12. "下一批生产"按钮不需要时，可以不去点击操作。
13. 点击"应收款更新"按钮，在弹出的窗口中点"确认更新"。
14. 点击"确认更新"按键后，操作区界面如下图。

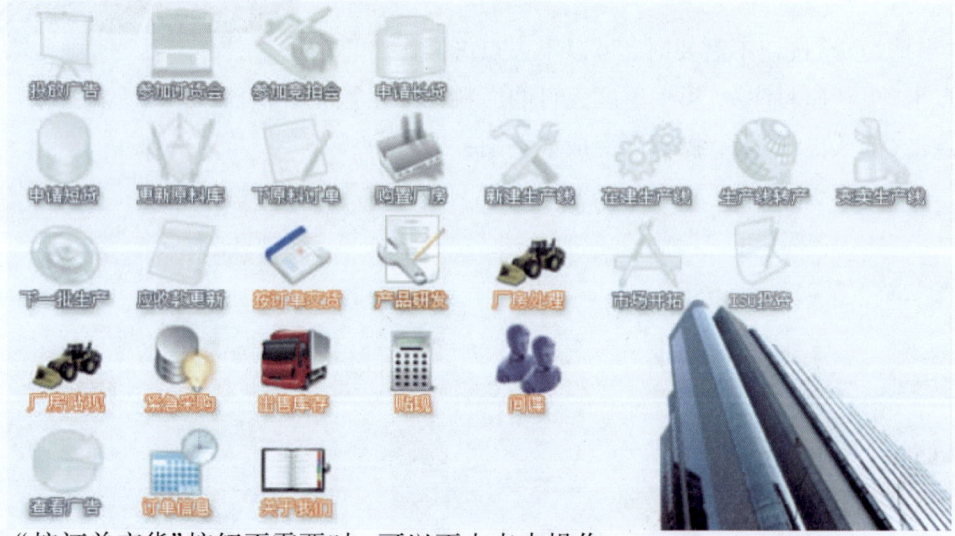

15. "按订单交货"按钮不需要时，可以不去点击操作。
16. 点击"产品研发"按钮，还剩3个季度，选中P3，继续进行研发投资。

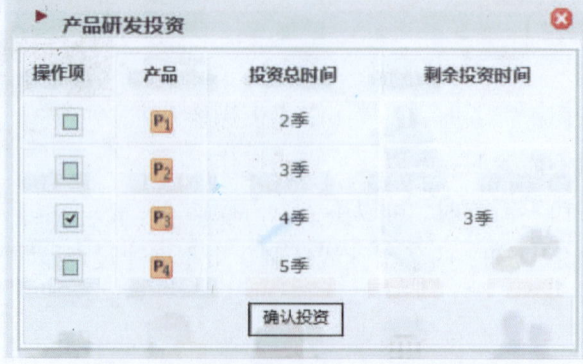

17. "厂房处理"按钮不需要时，可以不去点击操作。

18. 点击左侧信息栏的"当季结束"按钮，结束第2季度经营。自动完成的过程包括支付行政管理费、支付租金、检查"产品开发"完成情况。

（四）第3季度经营

1. 点击左侧信息栏里的"当季开始"按钮，开始第3季度经营。自动完成的过程包括还本付息/更新短贷款、更新生产/完工入库、生产线完工/转产完工。

2. "申请短贷"按钮不需要时，可以不去点击操作。

3. 点击"更新原料库"，第1、2季度无订购原料，现付金额为0。在弹出的窗口中，点击"确认更新"按键。

4. 点击"下原料订单"按钮，因为柔性线安装周期为4个季度，则柔性生产性要到第2年第1个季度才能使用。P3研发周期4个季度，也要到第2年第1个季度才具备生产产品资格。而P3需要R1、R3、R4原料。故，此处分别订购2个R3、2个R4。

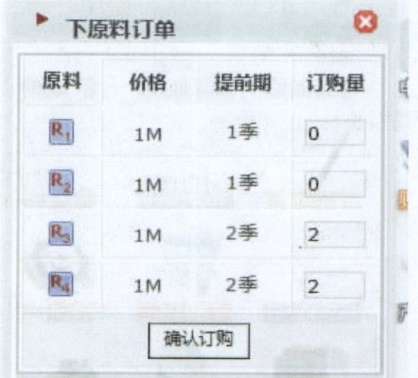

确认订购后，左侧信息栏的原料订单信息将发生改变，如图：

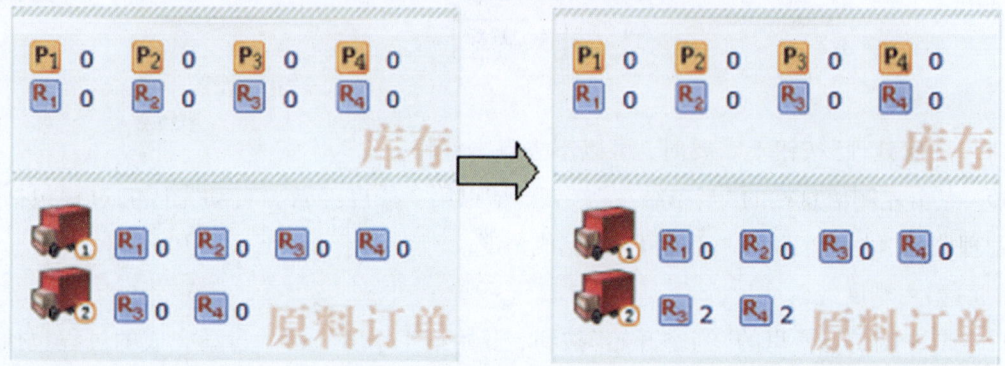

5. "购置厂房"按钮不需要时，可以不去点击操作。

6. "新建生产线"按钮不需要时，可以不去点击操作。

7. 点击"在建生产线"按钮，两条柔性线还剩2个季度建设期，如下图。

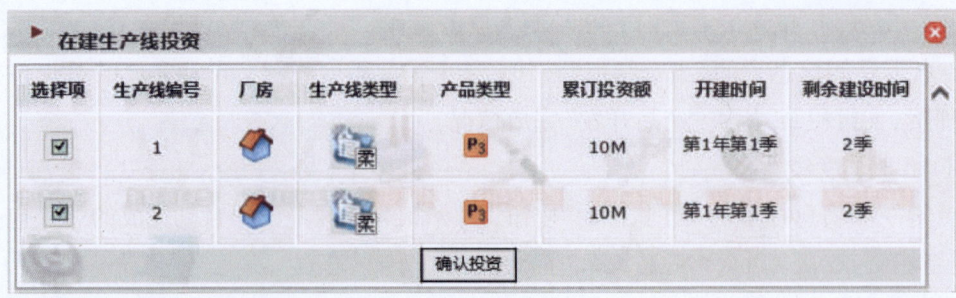

选中两条柔性线,点击"确认投资"。

8."生产线转产"按钮不需要时,可以不去点击操作。

9."变卖生产线"按钮不需要时,可以不去点击操作。

10."下一批生产"按钮不需要时,可以不去点击操作。

11. 点击"应收款更新"按钮,在弹出的窗口中点"确认更新"。

12."按订单交货"按钮不需要时,可以不去点击操作。

13. 点击"产品研发"按钮,还剩2个季度,选中P3,继续进行研发投资。

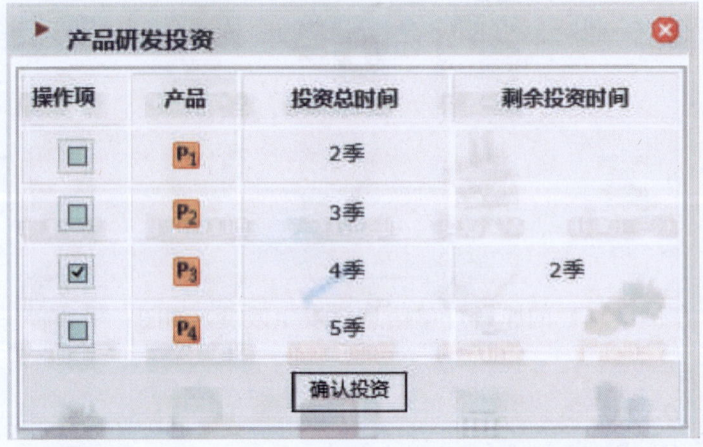

14."厂房处理"按钮不需要时,可以不去点击操作。

15. 点击左侧信息栏的"当季结束"按钮,结束第3季度经营。自动完成的过程包括支付行政管理费、支付租金、检查"产品开发"完成情况。

(五)第4季度经营

1. 点击左侧信息栏里的"当季开始"按钮,开始第4季度经营。自动完成的过程包括还本付息/更新短贷款、更新生产/完工入库、生产线完工/转产完工。

2."申请短贷"按钮不需要时,可以不去点击操作。

3. 点击"更新原料库",第1、2季度无订购原料,3季度订购R3、R4,而R3、R4订购周期为2个季度,未到货,现付金额为0。在弹出的窗口中,点击"确认更新"按键。

4. 点击"下原料订单"按钮,订购R1、R3、R4原料分别为2个。

项目五 电子沙盘经

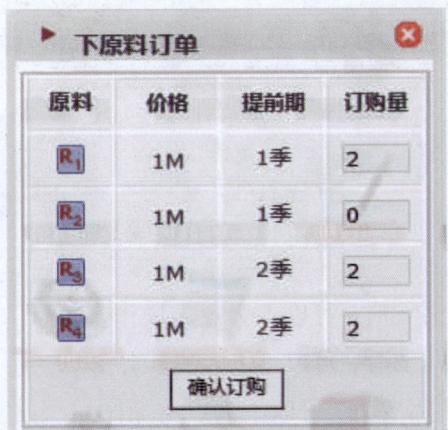

确认订购后，左侧信息栏的原料订单信息将发生改变，如图：

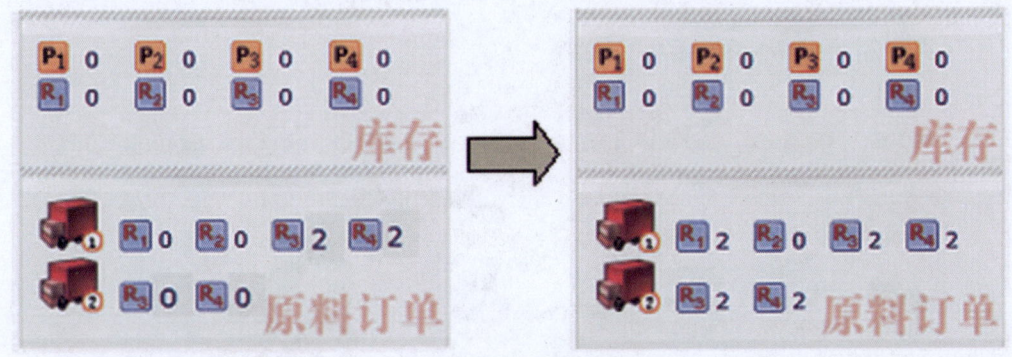

5. "购置厂房"按钮不需要时，可以不去点击操作。
6. "新建生产线"按钮不需要时，可以不去点击操作。
7. 点击"在建生产线"按钮，两条柔性线还剩 1 个季度建设期，如下图。

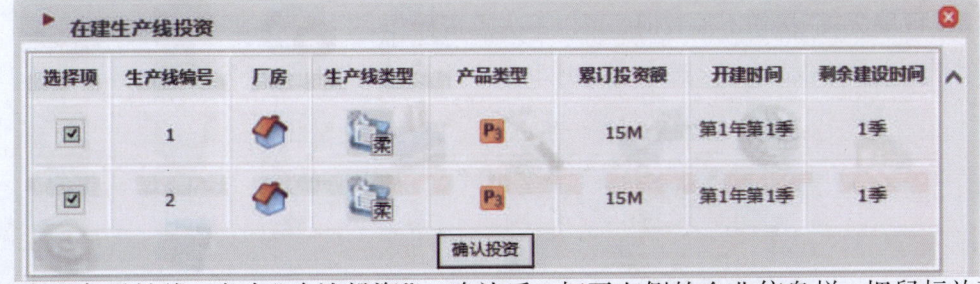

选中两条柔性线，点击"确认投资"。确认后，打开左侧的企业信息栏，把鼠标放到生产线上面，稍停顿一下，出现一个提示信息窗：

· 91 ·

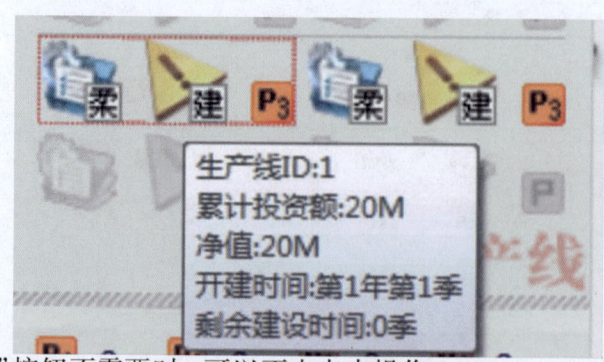

8. "生产线转产"按钮不需要时,可以不去点击操作。
9. "变卖生产线"按钮不需要时,可以不去点击操作。
10. "下一批生产"按钮不需要时,可以不去点击操作。
11. 点击"应收款更新"按钮,在弹出的窗口中点"确认更新"。
12. 点击"确认更新"按键后,操作区界面如下图。

原本灰色的"市场开拓"和"ISO 投资"变亮,说明可以去进行市场开拓和 ISO 投资建设了。

13. "按订单交货"按钮不需要时,可以不去点击操作。
14. 点击"产品研发"按钮,选中 P3,还剩 1 个季度,继续进行研发投资。

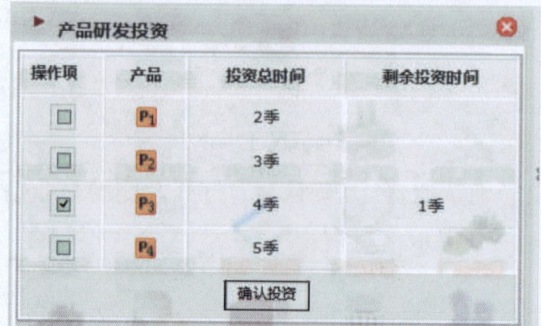

15. "厂房处理"按钮不需要时,可以不去点击操作。

(六)年末经营

1. 点击"市场开拓"按钮。

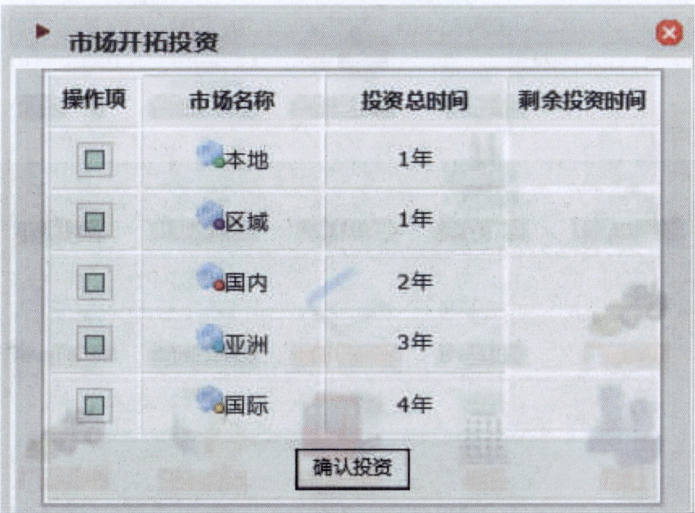

选中本地、区域、国内、亚洲、国际市场,投资开拓市场。

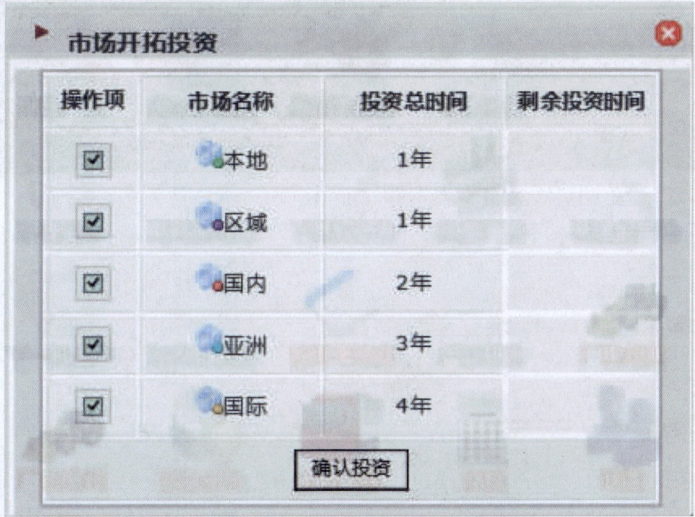

2. 点击"ISO 投资"按钮。选中 ISO9000,投资 ISO9K 研发。

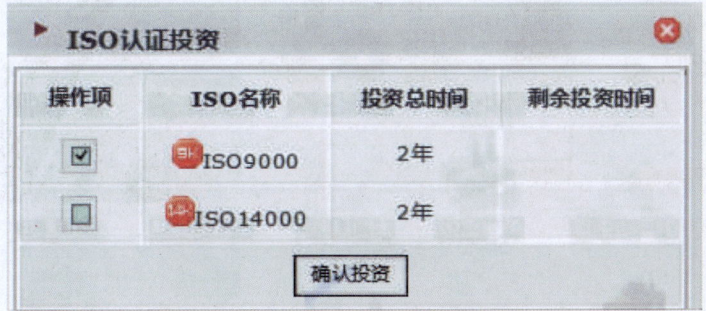

点击左侧的研发认证信息，查看9K的研发情况。

3. 点击"当年结束"按钮，结束本年度所有经营。自动完成的过程包括支付行政管理费、支付租金、检查"产品开发"完成情况、检测"新市场开拓、ISO 资格认证投资"完成情况、支付设备维修费、计提折旧、违约扣款。

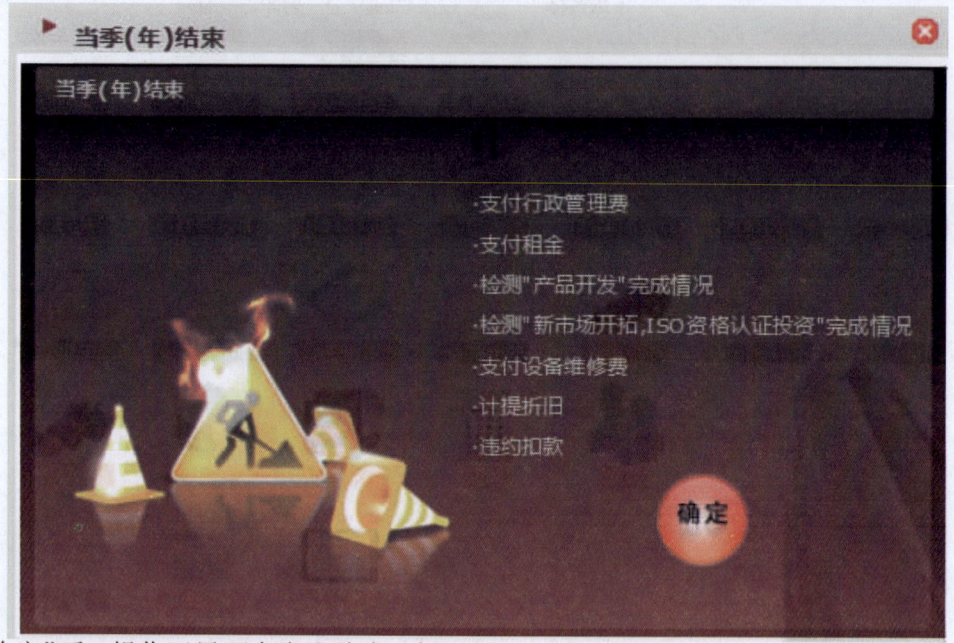

"确定"后，操作区界面会发生改变，如下图：

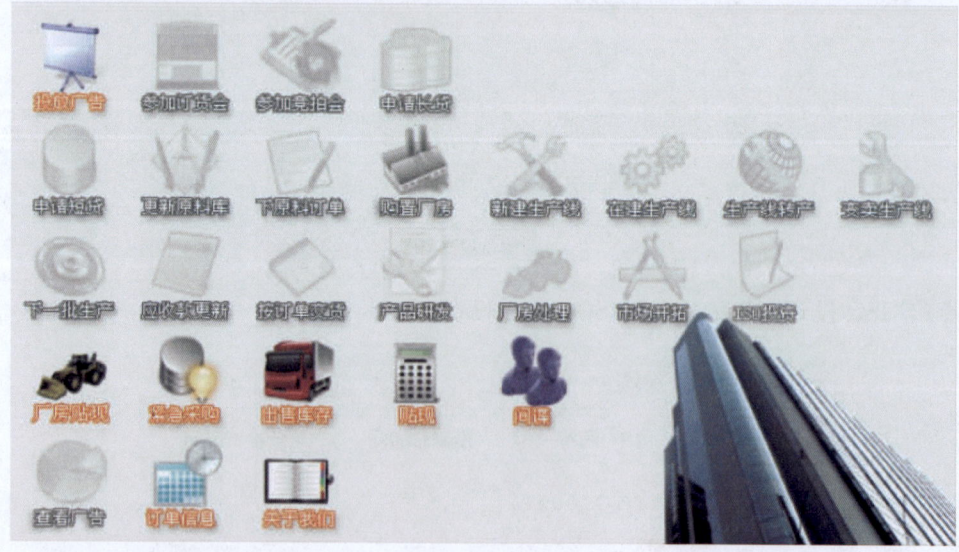

（七）起始模拟经营年企业经营记录表

企业经营记录表

组别：_____第_____年　　　　　　　　　　　记录人：_____职务：_____

> 每执行完一项操作，请在相应的方格内打勾。
> 同时在方格中填写现金收支情况，收入用+，支出用－。

企业经营流程
请按顺序执行下列各项操作。

年初	年初规划会议/现金盘点	60				
	广告投放	√				
	参加订货会选订单/登记订单	√				
	支付应付税	√				
	支付长贷利息	√				
	更新长期贷款/长期贷款还款	√				
	申请长期贷款	60				
1	季初盘点（请填余额）	120	98	86	74	
2	更新短期贷款/短期贷款还本付息	√	√	√	√	
3	申请短期贷款	20				
4	原材料入库/更新原料订单	√	√	√	√	
5	下原料订单	√	√	1R3 1R4	1R1 1R3 1R4	
6	购买/租用——厂房	－30	√			
7	更新生产/完工入库	√	√	√	√	
8	新建/在建/转产/变卖——生产线	－10	－10	－10	－10	
9	紧急采购（随时进行）	√	√	√	√	
10	开始下一批生产	√	√	√	√	
11	更新应收款/应收款收现	√	√	√	√	
12	按订单交货	√	√	√	√	
13	产品研发投资	－1	－1	－1	－1	
14	厂房——出售（买转租）/退租/租转买	√	√	√	√	
15	支付管理费	－1	－1	－1	－1	
16	更新厂房租金	√	√	√	√	
17	出售库存	√	√	√	√	
18	厂房贴现	√	√	√	√	
19	应收款贴现	√	√	√	√	
20	季末收入合计	20	0	0	0	
21	季末支出合计	－42	－12	－12	－12	
22	季末数额对账[（1）+（21）+（22）]\	98	86	74	62	
年末	缴纳违约订单罚款				0	
	支付设备维护费				0	
	计提折旧				(0)	
	新市场开拓				－5	
	ISO资格投资				－1	
	结账				56	

（八）起始模拟经营年综合管理费用明细表

项目	金额	备注
管理费	4	
广告费	0	
维修费	0	
租金	0	
转产费	0	
市场准入	5	☑本地 ☑区域 ☑国内 ☑亚洲 ☑国际
ISO 资格认证	1	☑ISO9000 □ISO14000
产品研发	4	P1（ ） P2（ ） P3（ ） P4（ ）
其他	0	
合计	14	

（九）起始模拟经营年利润表/损益表

项目	金额
销售收入	0
直接成本	0
毛利	0
综合费用	14
折旧前利润	−14
折旧	0
支付利息前利润	−14
财务支出	0
税前利润	−14
所得税	0
净利润	−14

（十）起始模拟经营年资产负债表

项目	金额	项目	金额
现金	56	长期负债	60
应收款	0	短期负债	20
在制品	0	应交所得税	0
产成品	0	——	——
原材料	0	——	——
流动资产合计	56	负债合计	80
厂房	30	股东资本	60
生产线	0	利润留存	0
在建工程	40	年度净利	−14
固定资产合计	70	所有者权益合计	46
资产总计	126	负债和所有者权益总计	126

随时可操作区域：

1. 操作区的 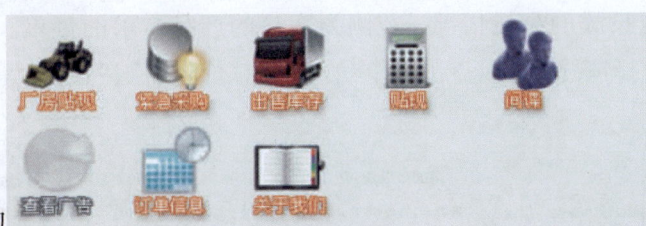 为经营过程中，随时可以进行点击操作的图标。

2. 点击"投放广告"，填写上广告金额。

产品/市场	本地	区域	国内	亚洲	国际
P₁	0	0	0	0	0
P₂	0	0	0	0	0
P₃	3	3	0	0	0
P₄	0	0	0	0	0

3. 点击"确认投放"，将会开始第2年的经营。自动完成的过程包括支付广告费、支付所得税、还本付息/更新长期贷款。

4. 等待全部企业完成企业经营后，裁判开始召开产品订货会。点击"参加订货会"，进入第2年的产品订货会现场。

5. 在产品订货会现场，所有的市场和所有的产品都依次开始。订货会窗口分为左右两半窗口，左侧为各企业广告投放的会场情况，右侧为客户的产品需求的订单。在选择的过程中，可根据自己企业的选择情况，可以点击右上角的"按总价降序"、"按数量降序"、"按单价降序"以方便产品的选择。

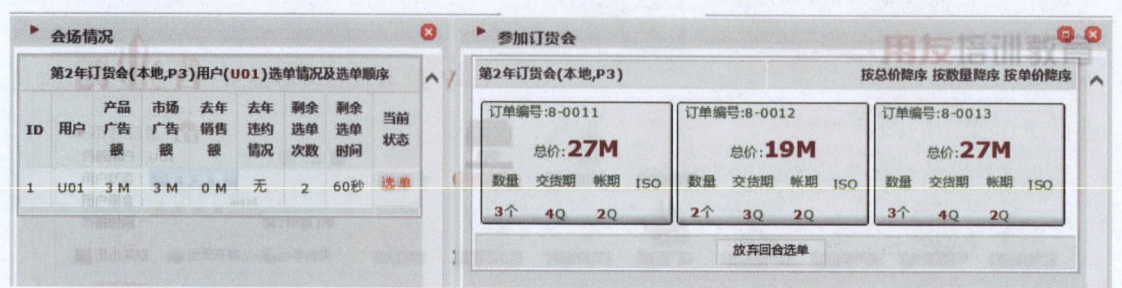

在选择时，鼠标点击右侧窗口中相应的订单（红色表示不能选择，白底绿字表示能选）。点击后，弹出相应的窗口：

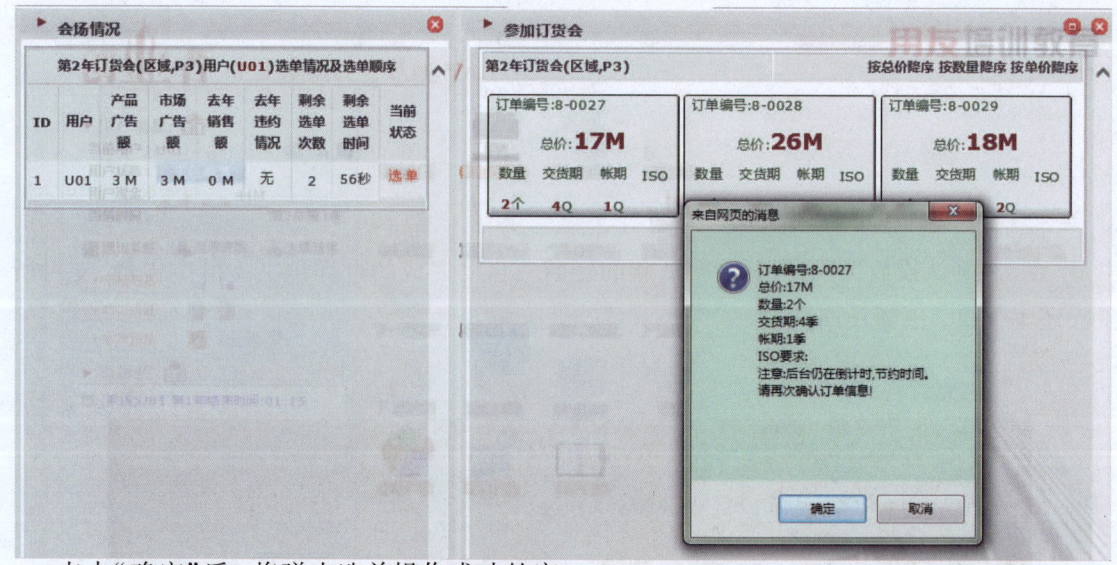

点击"确定"后，将弹出选单操作成功的窗口。

因为网络会有延迟，一定不要等到10秒内再选，有可能订单丢失。所以，开始订货会以前，就要成员间讨论自己企业想要什么样的订单，有个大体的方向性后，在选单的时候，就比较轻松，不会出现最后几秒选订单的情形了。

四、企业正式经营第一年

股东资本为 60M。接下来,团队成员先分析下表的市场预测,商量下企业如何经营、如何发展等的企业经营策略。

1. 第 1 年企业经营记录表

企业经营记录表

组别:____第____年		记录人:____职务:____	
企业经营流程 请按顺序执行下列各项操作。		每执行完一项操作,请在相应的方格内打勾。 同时在方格中填写现金收支情况,收入用+,支出用-	
年初	年初规划会议/现金盘点		
	广告投放		
	参加订货会选订单/登记订单		
	支付应付税		
	支付长贷利息		
	更新长期贷款/长期贷款还款		
	申请长期贷款		
1	季初盘点(请填余额)		
2	更新短期贷款/短期贷款还本付息		
3	申请短期贷款		
4	原材料入库/更新原料订单		
5	下原料订单		
6	购买/租用——厂房		
7	更新生产/完工入库		
8	新建/在建/转产/变卖——生产线		
9	紧急采购(随时进行)		
10	开始下一批生产		
11	更新应收款/应收款收现		
12	按订单交货		
13	产品研发投资		
14	厂房——出售(买转租)/退租/租转买		
15	支付管理费		
16	更新厂房租金		
17	出售库存		

续表

18	厂房贴现					
19	应收款贴现					
21	季末支出合计					
20	季末收入合计					
22	季末数额对账[(1)+(21)+(22)]\					
年末	缴纳违约订单罚款					
	支付设备维护费					
	计提折旧					( )
	新市场开拓					
	ISO资格投资					
	结账					

2. 第1年财务报表

(1) 第1年综合管理费用明细表

项目	金额	备注
管理费		
广告费		
维修费		
租金		
转产费		
市场准入		□本地　□区域　□国内　□亚洲　□国际
ISO资格认证		□ ISO9000　□1SO14000
产品研发		P1( )　P2( )　P3( )　P4( )
其他		
合计		

(2) 第1年利润表/损益表

项目	金额
销售收入	
直接成本	
毛利	
综合费用	
折旧前利润	

续表

折旧	
支付利息前利润	
财务支出	
税前利润	
所得税	
净利润	

(3) 第 1 年资产负债表

项目	金额	项目	金额
现金		长期负债	
应收款		短期负债	
在制品		应交所得税	
产成品		——	——
原材料		——	——
流动资产合计		负债合计	
厂房		股东资本	
生产线		利润留存	
在建工程		年度净利	
固定资产合计		所有者权益合计	
资产总计		负债和所有者权益总计	

3. 第 1 年笔记事项

五、企业正式经营第二年

1. 第2年广告费投放

组别：_____第_____年

产品 \ 市场	本地	区域	国内	亚洲	国际
P1					
P2					
P3					
P4					

2. 第2年订单登记表

订单号								合计
市场								
产品								
数量								
账期								
销售额								
成本								
毛利								
未售								

3. 第2年企业经营记录表

企业经营记录表

组别：_____第_____年　　　　　　　　记录人：_____职务：_____

企业经营流程
请按顺序执行下列各项操作。

每执行完一项操作，请在相应的方格内打勾。
同时在方格中填写现金收支情况，收入用＋，支出用－。

年初	年初规划会议/现金盘点		
	广告投放		
	参加订货会选订单/登记订单		
	支付应付税		
	支付长贷利息		
	更新长期贷款/长期贷款还款		
	申请长期贷款		
1	季初盘点(请填余额)		

续表

2	更新短期贷款/短期贷款还本付息				
3	申请短期贷款				
4	原材料入库/更新原料订单				
5	下原料订单				
6	购买/租用——厂房				
7	更新生产/完工入库				
8	新建/在建/转产/变卖——生产线				
9	紧急采购(随时进行)				
10	开始下一批生产				
11	更新应收款/应收款收现				
12	按订单交货				
13	产品研发投资				
14	厂房——出售(买转租)/退租/租转买				
15	支付管理费				
16	更新厂房租金				
17	出售库存				
18	厂房贴现				
19	应收款贴现				
20	季末收入合计				
21	季末支出合计				
22	季末数额对账[(1)+(21)+(22)]\				
年末	缴纳违约订单罚款				
	支付设备维护费				
	计提折旧				( )
	新市场开拓				
	ISO 资格投资				
	结账				

4. 第 2 年产品销售核算表

项目＼产品	P1	P2	P3	P4	合计
数量					
销售额					
成本					
毛利					

5. 第 2 年财务报表

(1) 第 2 年综合管理费用明细表

项目	金额	备注
管理费		
广告费		
维修费		
租 金		
转产费		
市场准入		□本地　□区域　□国内　□亚洲　□国际
ISO 资格认证		□ ISO9000　□1SO14000
产品研发		P1(　)　P2(　)　P3(　)　P4(　)
其 他		
合 计		

(2) 第 2 年利润表/损益表

项目	金额
销售收入	
直接成本	
毛利	
综合费用	
折旧前利润	
折旧	
支付利息前利润	
财务支出	
税前利润	
所得税	
净利润	

(3) 第 2 年资产负债表

项目	金额	项目	金额
现金		长期负债	
应收款		短期负债	
在制品		应交所得税	
产成品		——	——
原材料		——	——
流动资产合计		负债合计	
厂房		股东资本	
生产线		利润留存	
在建工程		年度净利	
固定资产合计		所有者权益合计	
资产总计		负债和所有者权益总计	

3. 第 2 年笔记事项

六、企业正式经营第三年

1. 第 3 年广告费投放

组别：_____ 第_____ 年

产品＼市场	本地	区域	国内	亚洲	国际
P1					
P2					
P3					
P4					

2. 第3年订单登记表

订单号									合计
市场									
产品									
数量									
账期									
销售额									
成本									
毛利									
未售									

3. 第3年企业经营记录表

企业经营记录表

组别：_____ 第_____ 年　　　　　　　　记录人：_____ 职务：_____

企业经营流程
请按顺序执行下列各项操作。

每执行完一项操作，请在相应的方格内打勾。
同时在方格中填写现金收支情况，收入用+，支出用−。

年初	年初规划会议/现金盘点						
	广告投放						
	参加订货会选订单/登记订单						
	支付应付税						
	支付长贷利息						
	更新长期贷款/长期贷款还款						
	申请长期贷款						
1	季初盘点（请填余额）						
2	更新短期贷款/短期贷款还本付息						
3	申请短期贷款						
4	原材料入库/更新原料订单						
5	下原料订单						
6	购买/租用——厂房						
7	更新生产/完工入库						
8	新建/在建/转产/变卖——生产线						
9	紧急采购（随时进行）						
10	开始下一批生产						

续表

11	更新应收款/应收款收现				
12	按订单交货				
13	产品研发投资				
14	厂房——出售(买转租)/退租/租转买				
15	支付管理费				
16	更新厂房租金				
17	出售库存				
18	厂房贴现				
19	应收款贴现				
20	季末收入合计				
21	季末支出合计				
22	季末数额对账[(1)+(21)+(22)]\				
年末	缴纳违约订单罚款				
	支付设备维护费				
	计提折旧				( )
	新市场开拓				
	ISO 资格投资				
	结账				

4. 第3年产品销售核算表

项目 \ 产品	P1	P2	P3	P4	合计
数量					
销售额					
成本					
毛利					

5. 第3年财务报表

(1) 第3年综合管理费用明细表

项目	金额	备注
管理费		
广告费		
维修费		
租金		

续表

	转产费		
	市场准入		□本地 □区域 □国内 □亚洲 □国际
	ISO 资格认证		□ ISO9000 □ ISO14000
	产品研发		P1( ) P2( ) P3( ) P4( )
	其他		
	合计		

(2) 第3年利润表/损益表

项目	金额
销售收入	
直接成本	
毛利	
综合费用	
折旧前利润	
折旧	
支付利息前利润	
财务支出	
税前利润	
所得税	
净利润	

(3) 第3年资产负债表

项目	金额	项目	金额
现金		长期负债	
应收款		短期负债	
在制品		应交所得税	
产成品		——	——
原材料		——	——
流动资产合计		负债合计	
厂房		股东资本	
生产线		利润留存	
在建工程		年度净利	
固定资产合计		所有者权益合计	
资产总计		负债和所有者权益总计	

3. 第 3 年笔记事项

七、企业正式经营第四年

1. 第 4 年广告费投放

组别：_____ 第_____ 年

产品＼市场	本地	区域	国内	亚洲	国际
P1					
P2					
P3					
P4					

2. 第 4 年订单登记表

订单号									合计
市场									
产品									
数量									
账期									
销售额									
成本									
毛利									
未售									

3. 第 4 年企业经营记录表

企业经营记录表

组别：___ 第___ 年		记录人：___ 职务：___			
企业经营流程 请按顺序执行下列各项操作。		每执行完一项操作，请在相应的方格内打勾。 同时在方格中填写现金收支情况，收入用＋，支出用－。			
年初	年初规划会议/现金盘点				
	广告投放				
	参加订货会选订单/登记订单				
	支付应付税				
	支付长贷利息				
	更新长期贷款/长期贷款还款				
	申请长期贷款				
1	季初盘点(请填余额)				
2	更新短期贷款/短期贷款还本付息				
3	申请短期贷款				
4	原材料入库/更新原料订单				
5	下原料订单				
6	购买/租用——厂房				
7	更新生产/完工入库				
8	新建/在建/转产/变卖——生产线				
9	紧急采购(随时进行)				
10	开始下一批生产				
11	更新应收款/应收款收现				
12	按订单交货				
13	产品研发投资				
14	厂房——出售(买转租)/退租/租转买				
15	支付管理费				
16	更新厂房租金				
17	出售库存				
18	厂房贴现				
19	应收款贴现				
20	季末收入合计				

续表

21	季末支出合计					
22	季末数额对账[(1)+(21)+(22)]\					
年末	缴纳违约订单罚款					
	支付设备维护费					
	计提折旧					( )
	新市场开拓					
	ISO 资格投资					
	结账					

4．第 4 年产品销售核算表

产品 项目	P1	P2	P3	P4	合计
数量					
销售额					
成本					
毛利					

5．第 4 年财务报表

（1）第 4 年综合管理费用明细表

项目	金额	备注
管理费		
广告费		
维修费		
租金		
转产费		
市场准入		□本地　□区域　□国内　□亚洲　□国际
ISO 资格认证		□ ISO9000　□ ISO14000
产品研发		P1( )　P2( )　P3( )　P4( )
其他		
合计		

(2) 第 4 年利润表/损益表

项目	金额
销售收入	
直接成本	
毛利	
综合费用	
折旧前利润	
折旧	
支付利息前利润	
财务支出	
税前利润	
所得税	
净利润	

(3) 第 4 年资产负债表

项目	金额	项目	金额
现金		长期负债	
应收款		短期负债	
在制品		应交所得税	
产成品		——	——
原材料		——	——
流动资产合计		负债合计	
厂房		股东资本	
生产线		利润留存	
在建工程		年度净利	
固定资产合计		所有者权益合计	
资产总计		负债和所有者权益总计	

3. 第 4 年笔记事项

八、企业正式经营第五年

1. 第5年广告费投放

组别：_____ 第_____年

产品＼市场	本地	区域	国内	亚洲	国际
P1					
P2					
P3					
P4					

2. 第5年订单登记表

订单号									合计
市场									
产品									
数量									
账期									
销售额									
成本									
毛利									
未售									

3. 第5年企业经营记录表

企业经营记录表

组别：_____ 第_____年　　　　　　　　　　　记录人：_____ 职务：_____

企业经营流程
请按顺序执行下列各项操作。

每执行完一项操作，请在相应的方格内打勾。
同时在方格中填写现金收支情况，收入用＋，支出用－。

年初	年初规划会议/现金盘点		
	广告投放		
	参加订货会选订单/登记订单		
	支付应付税		
	支付长贷利息		
	更新长期贷款/长期贷款还款		
	申请长期贷款		
1	季初盘点（请填余额）		

续表

2	更新短期贷款/短期贷款还本付息					
3	申请短期贷款					
4	原材料入库/更新原料订单					
5	下原料订单					
6	购买/租用——厂房					
7	更新生产/完工入库					
8	新建/在建/转产/变卖——生产线					
9	紧急采购(随时进行)					
10	开始下一批生产					
11	更新应收款/应收款收现					
12	按订单交货					
13	产品研发投资					
14	厂房——出售(买转租)/退租/租转买					
15	支付管理费					
16	更新厂房租金					
17	出售库存					
18	厂房贴现					
19	应收款贴现					
20	季末收入合计					
21	季末支出合计					
22	季末数额对账[(1)+(21)+(22)]\					
年末	缴纳违约订单罚款					
	支付设备维护费					
	计提折旧					( )
	新市场开拓					
	ISO 资格投资					
	结账					

4. 第 5 年产品销售核算表

项目＼产品	P1	P2	P3	P4	合计
数量					
销售额					
成本					
毛利					

5. 第 5 年财务报表

(1) 第 5 年综合管理费用明细表

项目	金额	备注
管理费		
广告费		
维修费		
租 金		
转产费		
市场准入		□本地　□区域　□国内　□亚洲　□国际
ISO 资格认证		□ ISO9000　□ ISO14000
产品研发		P1(　) P2(　) P3(　) P4(　)
其 他		
合 计		

(2) 第 5 年利润表/损益表

项目	金额
销售收入	
直接成本	
毛利	
综合费用	
折旧前利润	
折旧	
支付利息前利润	
财务支出	
税前利润	
所得税	
净利润	

(3) 第 5 年资产负债表

项目	金额	项目	金额
现金		长期负债	
应收款		短期负债	
在制品		应交所得税	
产成品		——	——
原材料		——	——
流动资产合计		负债合计	
厂房		股东资本	
生产线		利润留存	
在建工程		年度净利	
固定资产合计		所有者权益合计	
资产总计		负债和所有者权益总计	

3. 第 5 年笔记事项

九、企业正式经营第六年

1. 第 6 年广告费投放

组别：_____第_____年

产品 \ 市场	本地	区域	国内	亚洲	国际
P1					
P2					
P3					
P4					

2. 第6年订单登记表

订单号											合计
市场											
产品											
数量											
账期											
销售额											
成本											
毛利											
未售											

3. 第6年企业经营记录表

企业经营记录表

组别：_____ 第_____ 年　　　　　　　记录人：_____ 职务：

企业经营流程 请按顺序执行下列各项操作。		每执行完一项操作，请在相应的方格内打勾。 同时在方格中填写现金收支情况，收入用＋，支出用－。				
年初	年初规划会议/现金盘点					
	广告投放					
	参加订货会选订单/登记订单					
	支付应付税					
	支付长贷利息					
	更新长期贷款/长期贷款还款					
	申请长期贷款					
1	季初盘点（请填余额）					
2	更新短期贷款/短期贷款还本付息					
3	申请短期贷款					
4	原材料入库/更新原料订单					
5	下原料订单					
6	购买/租用——厂房					
7	更新生产/完工入库					
8	新建/在建/转产/变卖——生产线					
9	紧急采购（随时进行）					
10	开始下一批生产					

续表

11	更新应收款/应收款收现					
12	按订单交货					
13	产品研发投资					
14	厂房——出售(买转租)/退租/租转买					
15	支付管理费					
16	更新厂房租金					
17	出售库存					
18	厂房贴现					
19	应收款贴现					
20	季末收入合计					
21	季末支出合计					
22	季末数额对账[(1)+(21)+(22)]\					
年末	缴纳违约订单罚款					
	支付设备维护费					
	计提折旧					( )
	新市场开拓					
	ISO资格投资					
	结账					

4. 第6年产品销售核算表

产品\项目	P1	P2	P3	P4	合计
数量					
销售额					
成本					
毛利					

5. 第6年财务报表

(1) 第6年综合管理费用明细表

项目	金额	备注
管理费		
广告费		
维修费		
租金		

续表

转产费		
市场准入		☐本地 ☐区域 ☐国内 ☐亚洲 ☐国际
ISO 资格认证		☐ ISO9000 ☐1SO14000
产品研发		P1( ) P2( ) P3( ) P4( )
其 他		
合 计		

（2）第 6 年利润表/损益表

项目	金额
销售收入	
直接成本	
毛利	
综合费用	
折旧前利润	
折旧	
支付利息前利润	
财务支出	
税前利润	
所得税	
净利润	

（3）第 6 年资产负债表

项目	金额	项目	金额
现金		长期负债	
应收款		短期负债	
在制品		应交所得税	
产成品		——	——
原材料		——	——
流动资产合计		负债合计	
厂房		股东资本	
生产线		利润留存	
在建工程		年度净利	
固定资产合计		所有者权益合计	
资产总计		负债和所有者权益总计	

3. 第 6 年笔记事项

5.2 商战经营

新商战电子沙盘,是新道科技组织开发的一款全新的企业模拟经营电子沙盘软件。该电子沙盘软件在继承创业者电子沙盘软件的基础上,又吸收了众多其他经营类软件优点。

一、经营规则介绍

不同的经营规则,对应不同的企业经营策略和不同的企业间竞争态势。下面以一种经营规则为例,介绍商战经营的流程。

1. 生产线

名称	购买价格	安装周期	生产周期	总转产费用	转产周期	维修费	残值	折旧费	分值
手工线	50 W	1 季	2 季	0 W	0 季	10 W/年	10 W	10 W	0
租赁线	0 W	1 季	1 季	20 W	1 季	55 W/年	-55 W	0 W	0
自动线	150 W	3 季	1 季	20 W	1 季	20 W/年	30 W	30 W	8
柔性线	200 W	4 季	1 季	0 W	0 季	20 W/年	40 W	40 W	10

安装周期为 1,表示即买即用;不论何时出售生产线,价格为残值,净值与残值之差计入损失;只有空生产线方可转产;当年建成生产线需要交维修费;折旧(采用平均年限法):建成第 1 年不进行折旧。

2. 融资

贷款类型	贷款时间	贷款额度	年息	还款方式	备注
长期贷款	每年年初	所有长短贷之和不超过上年权益 3 倍	10%	年初付息,到期还本	不小于 10W
短期贷款	每季度初		5%	到期一次还本付息	

续表

资金贴现	任何时间	视应收款额	1季,2季:10%	变现时贴息	1,2期可以联合贴现(3,4期同理)
			3季,4季:12.5%		
库存拍卖	100%(产品) 80%(原料)				

3. 厂房

名称	购买价格	租金	出售价格	容量	分值
大厂房	450 W	45 W/年	450 W	5	0
中厂房	400 W	40 W/年	400 W	4	0
小厂房	330 W	33 W/年	330 W	3	0

厂房出售得到4个账期的应收款,紧急情况下可厂房贴现,直接得到现金。厂房租入后,一年后可作租转买、退租等处理,续租系统自动处理。

4. 市场开拓

名称	开发费	开发时间	分值
本地	10 W	1年	7
区域	10 W	1年	7
国内	10 W	2年	8
亚洲	10 W	3年	9
国际	10 W	4年	10

开发费用按开发时间在年末平均支付,不允许加速投资。市场开发完成后,领取相应的市场准入证。

5. ISO 资格认证

名称	开发费	开发时间	分值
ISO9000	10 W	2年	8
ISO14000	20 W	2年	10

开发费用在年末平均支付,不允许加速投资,但可以中断投资。开发完成后,领取相应的资格证。

6. 产品研发

名称	开发费	开发时间	加工费	直接成本	产品组成	分值
P1	10 W	2 季	10 W	20 W	R1	7
P2	10 W	3 季	10 W	30 W	R2 + R3	8
P3	10 W	4 季	10 W	40 W	R1 + R3 + R4	9
P4	10 W	5 季	10 W	50 W	R2 + R3 + 2R4	10

开发费用在年末平均支付,不允许加速投资,但可以中断投资。

7. 原料设置

名称	购买单价	提前期
R1	10 W	1 季
R2	10 W	1 季
R3	10 W	2 季
R4	10 W	2 季

8. 其它说明

(1)紧急采购,付款即到货,原材料价格为直接成本的 2 倍;成品价格为直接成本的 3 倍。

(2)选单规则:上年本市场销售额最高(无违约)优先;其次看本市场本产品广告额;再看本市场广告总额;再看市场销售排名;如仍无法决定,先投广告者先选单。

(3)破产标准:现金断流或权益为负。

(4)第一年无订单。

(5)交单可提前,不可推后,违约收回订单。

(6)违约金扣除——四舍五入;库存拍卖所得现金——四舍五入;贴现费用——向上取整;扣税——四舍五入;长短贷利息——四舍五入。

(7)库存折价拍价,生产线变卖,紧急采购,订单违约记入损失。

(8)排行榜记分标准:

总成绩 = 所有者权益×(1 + 企业综合发展潜力/100)

企业综合发展潜力 = 市场资格分值 + ISO 资格分值 + 生产资格分值 + 厂房分值 + 各条生产线分值

生产线建成(包括转产)即加分,无须生产出产品,也无须有在制品。

9.重要参数

违约金比例	20%	贷款额倍数	3 倍
产品折价率	100%	原料折价率	80%
长贷利率	10%	短贷利率	5%
1,2期贴现率	10%	3,4期贴现率	12.50%
初始现金	600 W	管理费	10 W
信息费	1 W	所得税率	25%
最大长贷年限	5 年	最小得单广告额	10 W
原料紧急采购倍数	2 倍	产品紧急采购倍数	3 倍
选单时间	40 秒	首位选单补时	25 秒
市场同开数量	1	市场老大	无
竞拍时间	90 秒	竞拍同拍数	2

二、系统登录

1.打开谷歌浏览器。

2.在地址栏输入 http://服务器 IP 地址:8080,进入系统。

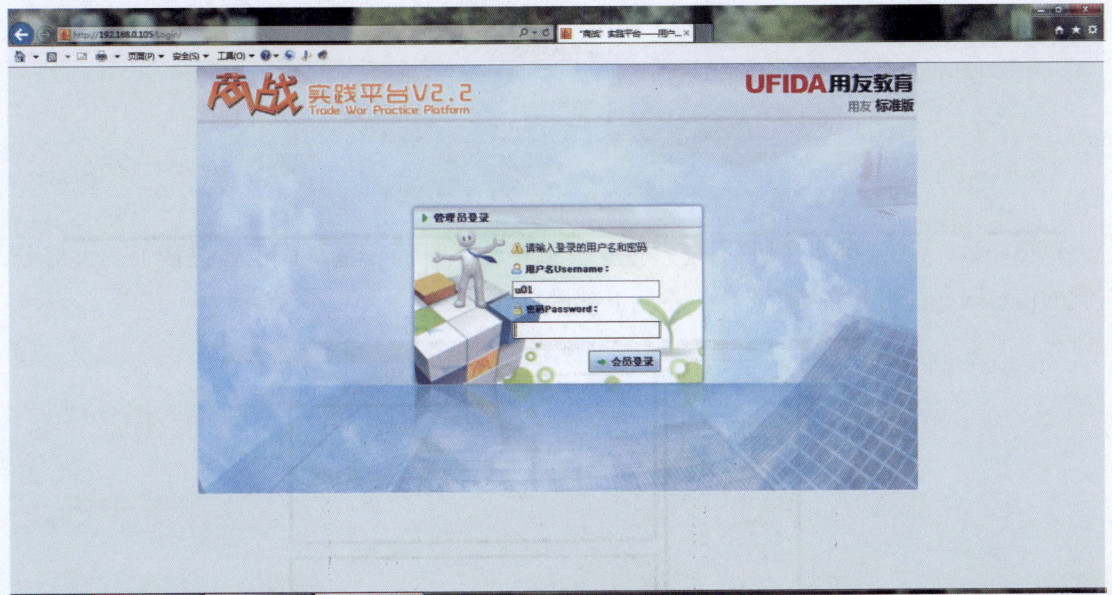

3.用户名为公司代码 U01、U02、U03 等,首次登录的初始密码为"1"。第一次登录需要填写:公司名称(必填)、所属学校(必填)、各职位人员姓名(如有多人,可以在一个职位中输入两个以上的人员姓名)(必填)。登记确认后不可更改。务必重设密码。

填好后的页面如下：

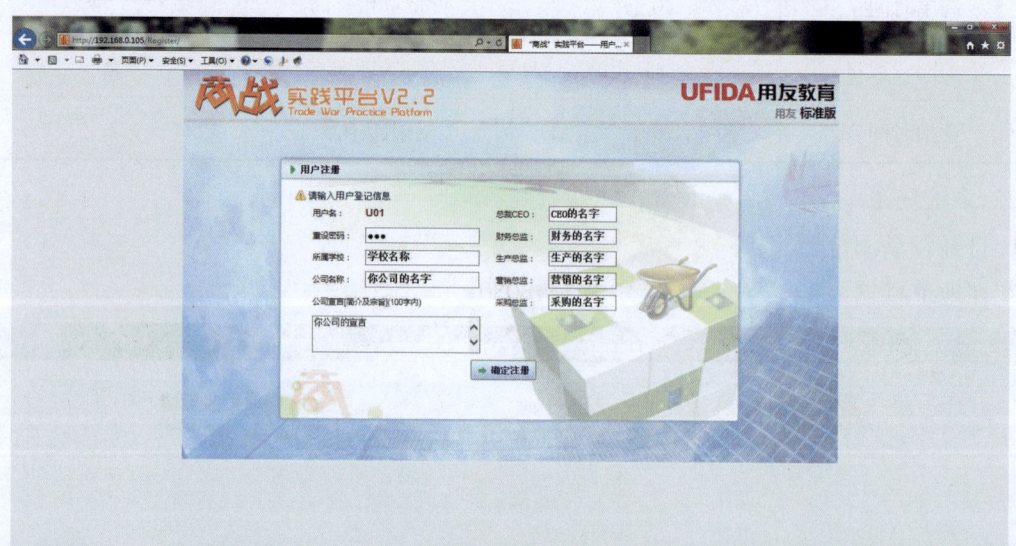

4.填好后，点击"确定注册"，进入企业模拟经营主页面。主页面主要包括了三大部分，左侧的信息区，右侧上部的营业区，右侧下部的操作区。

5. 页面右上角有个 ![规则说明] 图标，可以用鼠标点击点开查看企业模拟经营规则。

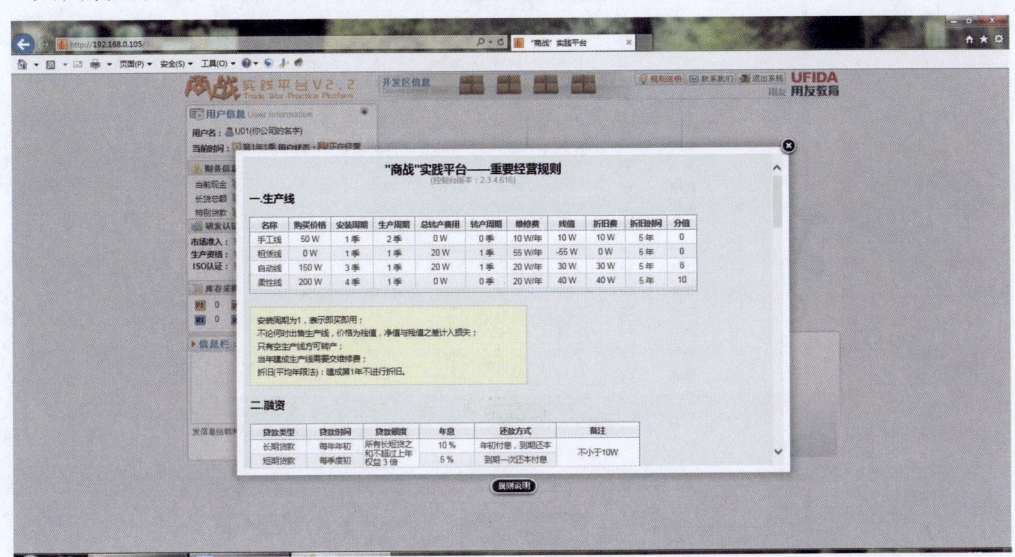

6. 页面右下角有个 ![市场预测] 图标，可以用鼠标点击点开查看企业模拟经营规则。

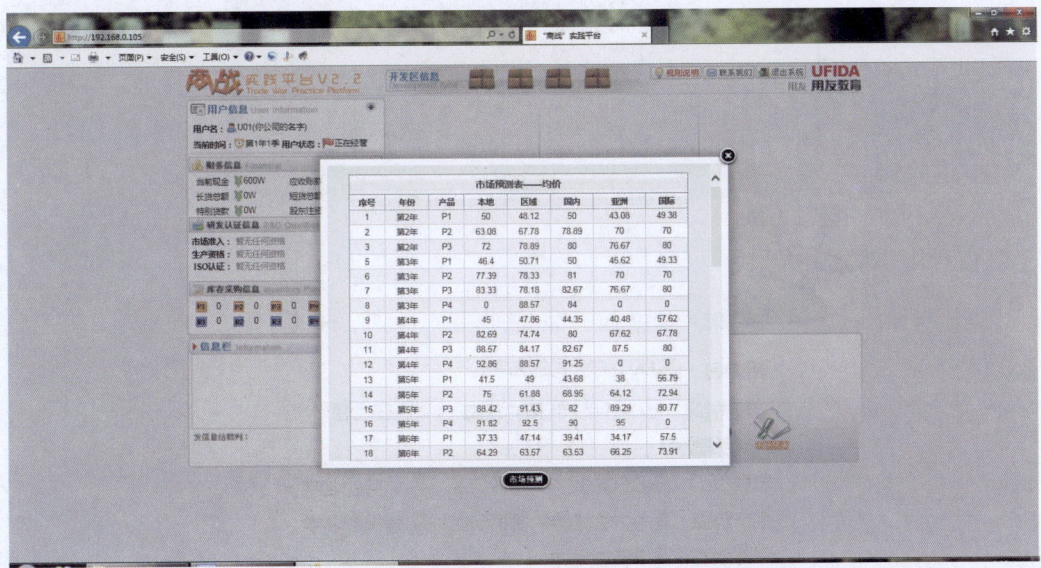

在弹出的市场预测窗口中，可以拖动滚动条查看所有产品在所有市场的均价和所有产品在所有市场的需求量。

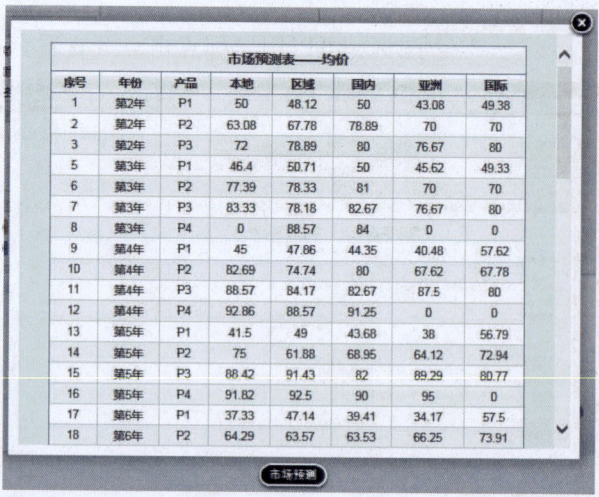

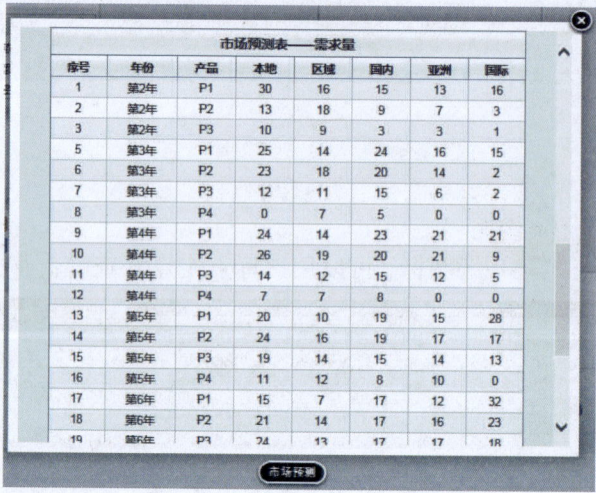

（1）查看用户信息

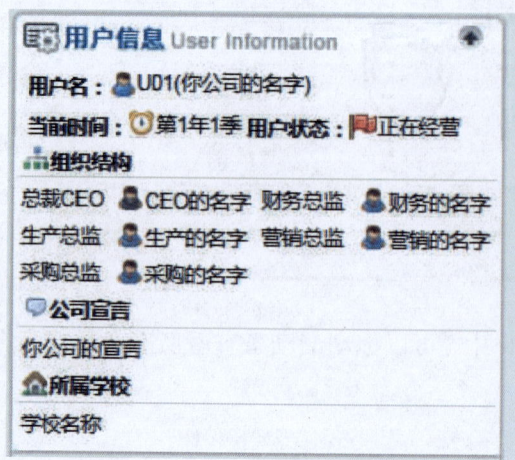

(2)查看财务信息

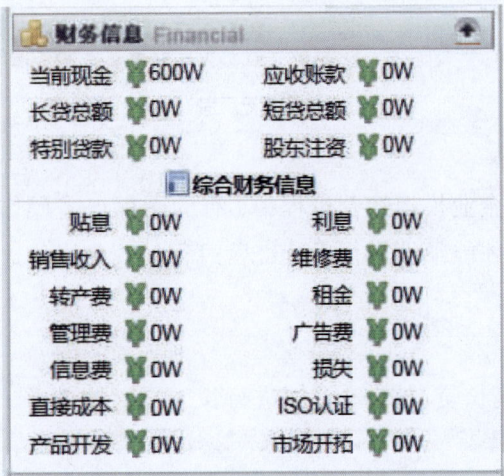

(3)查看研发认证信息

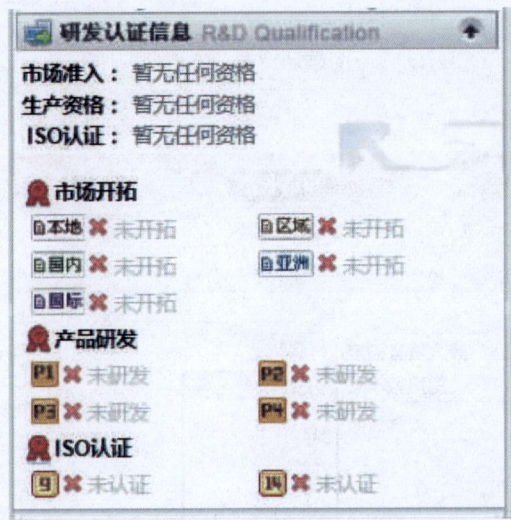

(4)查看库存采购信息

9. 在主页面最上方的中间位置，是厂房信息。一般有 4 个厂房位置可供选择。

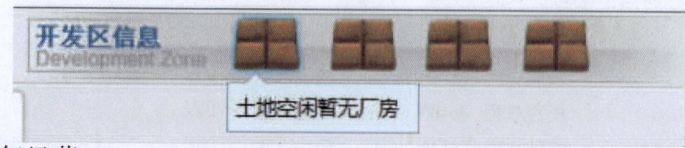

三、模拟起始年经营

在操作商战软件进行企业模拟经营过程中，有的图标点击操作时可操作可不操作的，而有的图标点击是必须操作才能继续进行后续经营过程的。**在操作过程中，要做好企业运营记录表的记录。**

（一）年初经营

1. 点击操作区的"申请长贷"按钮，可以进行长期贷款的选择。

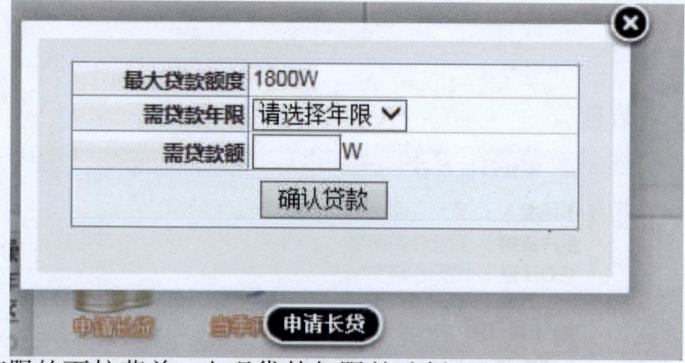

点击需贷款年限的下拉菜单，出现贷款年限的选择。

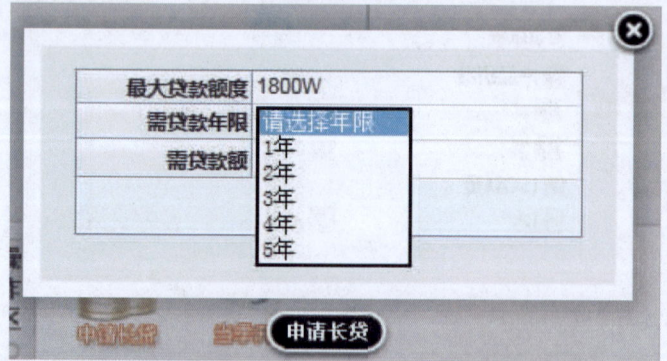

点击需贷款额下拉菜单，填入贷款金额。例如，此处贷款 600M，填入 600。

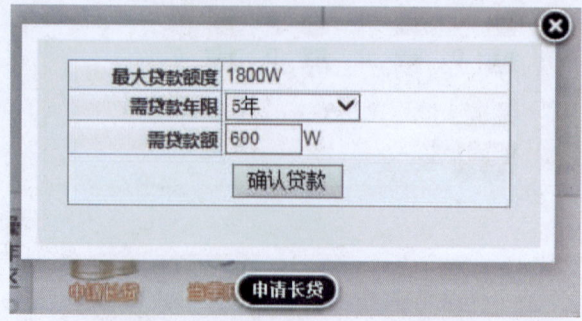

点击"确认贷款"后，会出现确认贷款的窗口：

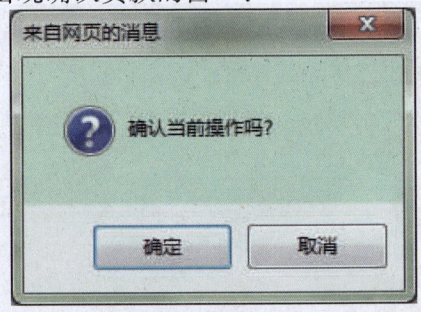

如果想回去修改贷款年限和贷款额度，可以选择"取消"，回去修改。点"确定"，代表确认长期贷款的年限和额度。确定后，会弹出贷款成功的窗口。

说明，长期贷款可再次贷款。即长期贷款可以分不同的年限和不同的额度，重复操作。

2. 点击左侧区的财务信息查看按钮，会出现长期贷款的信息和当前现金信息。

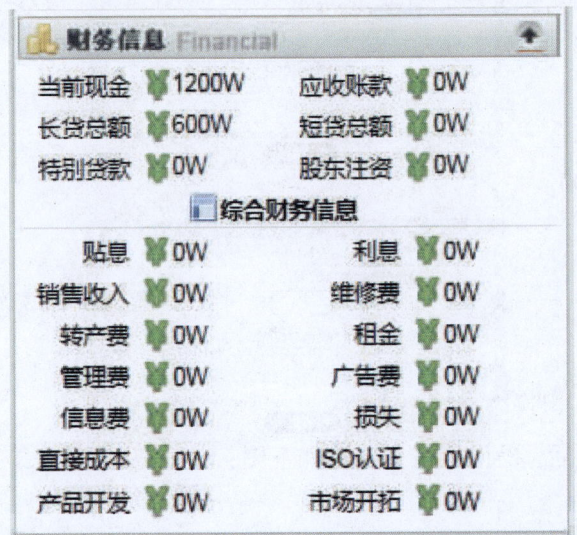

(二)第1季度经营

1. 点击"当季开始"按钮，开始第1季度经营。自动完成的过程包括还本付息/更新短贷款、更新生产/完工入库、生产线完工/转产完工，见下图：

2. 确认第1季度开始经营后,操作区将会变成如下图:

3. 点击"申请短贷"按钮,操作区将会变成如下图:

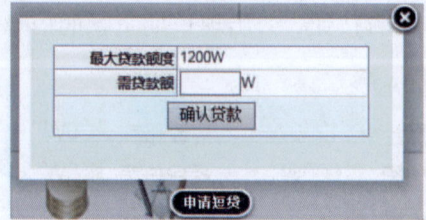

4. 输入贷款额度200。

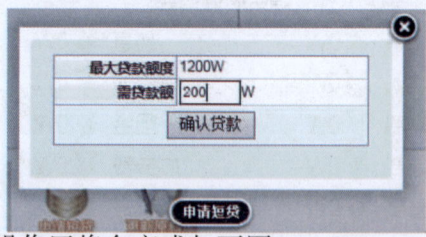

5. 点击"确认贷款"后,操作区将会变成如下图:

"短期贷款"按钮消失，说明短期贷款1个季度只能贷款一次，不能重复贷。

6. 点击"更新原料库"，前期原材料的订购到货时，现付金额为原材料费用。无到货时，现付金额为0。

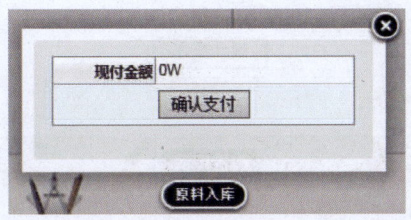

注意：若企业资金无法支付原材料费用时，资金链断裂，企业将会破产。"更新原料库"按钮必须点击操作，否则运营无法继续进行下去。

7. 点击"确认支付"后，操作区变成如下图：

8. 点击"下原料订单"后，如下图。在数量中可以输入想订购的原材料数量。若不订购，保持数量0不变。点击"确认订购"。

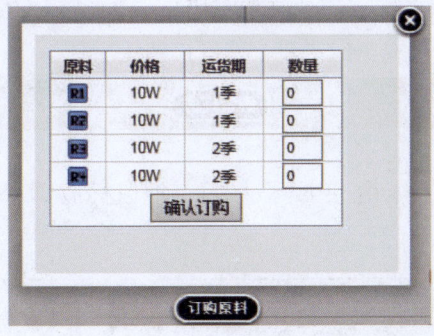

9. 点击"确认订购"后，"下原料订单"按钮消失，操作区如下图。

10. 点击"购置厂房"后，出现厂房购置窗口，订购方式分为买和租两种。

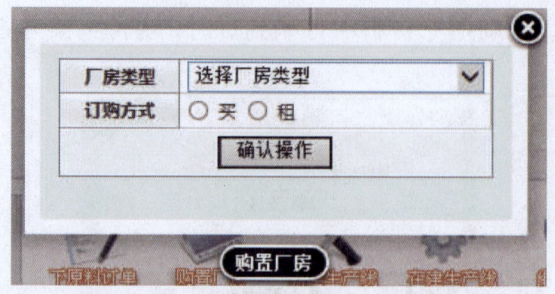

11. 点击厂房类型下拉菜单，选择相应的厂房。

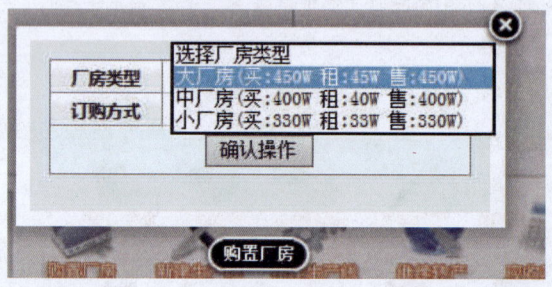

12. 点击订购方式的"买"或"租"，此处选择"买"订购方式。

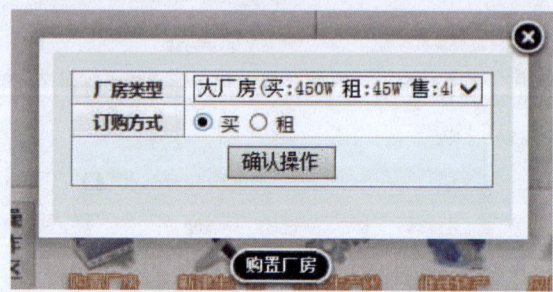

13. 最上面的厂房处，第一个由 变成了 图标，把鼠标放到 图标上，会出现相应的提示信息，如下图：

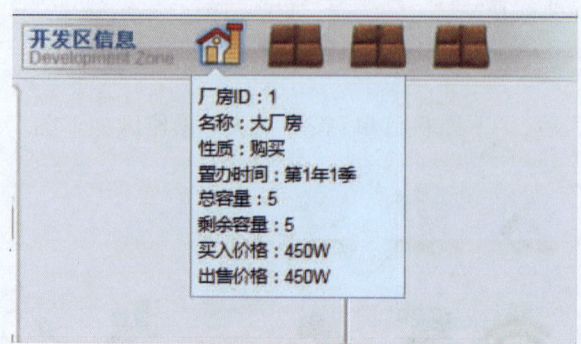

14. 点击"新建生产线",弹出生产线建设窗口。

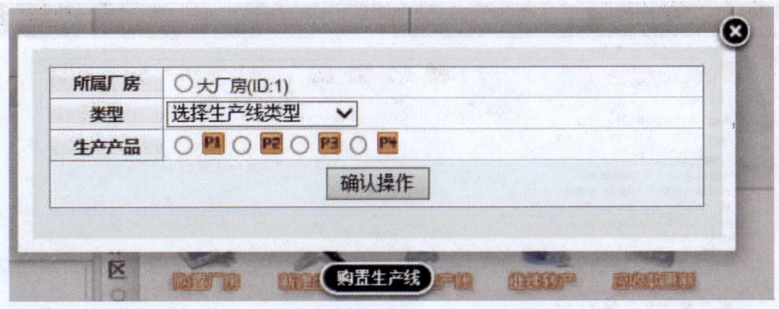

15. 选中"所属厂房"。

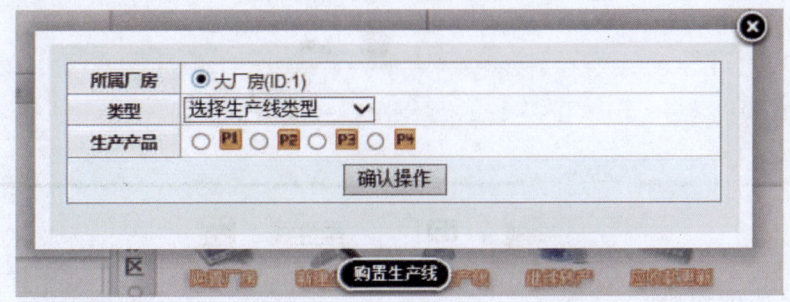

16. 选择生产线类型,此处选择建设一条柔性线。

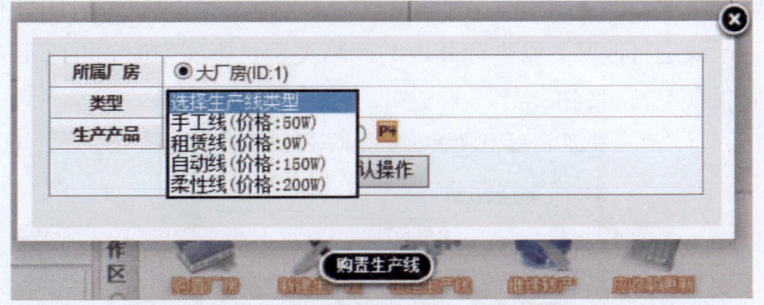

17. 选择生产产品,此处选择"P2"。

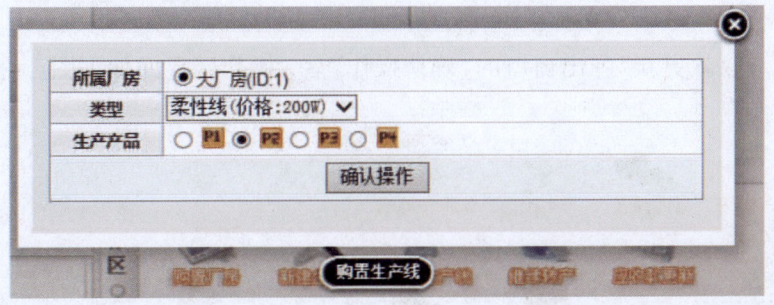

18. 确认操作后，商战主界面如下图。

营业区中，生产的图示 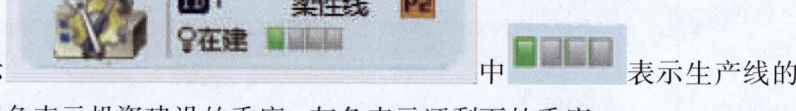 中 表示生产线的安装周期需要 4 个季度，绿色表示投资建设的季度，灰色表示还剩下的季度。

19. "在建生产线"按钮，是指第二次、第三次、第四次生产线建设费用的投资。"继续转产"按钮，是指生产线进行改装，以生产其他的产品类型。不需要时，可以不去点击操作。

20. 点击"应收款更新"按钮。

注意："应收款更新"按钮，是必须点击的操作按钮。不点击，将无法继续运行下去。

21. 点击"应收款更新"弹出窗口的"确认操作"后，操作区界面如下图。

22. "按订单交货"和"厂房处理"按钮，不需要时，可以不去点击操作。

23. 点击"产品研发"按钮，弹出产品研发窗口。

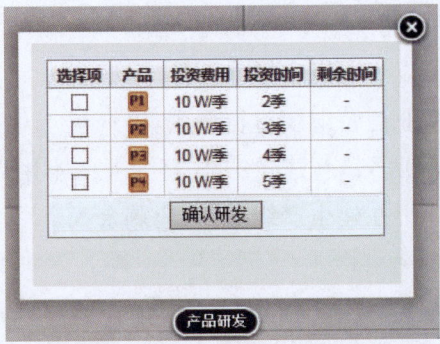

24. 选择 P2 产品研发。

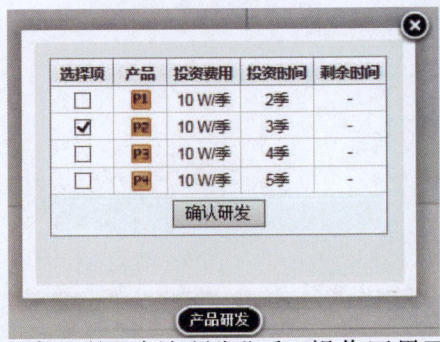

25. 点击"产品研发"弹出窗口的"确认研发"后，操作区界面如下图。

26. 点击"当季(年)结束"按钮，结束第 1 季度经营。自动完成的过程包括支付行政管理费、支付租金、检查"产品开发"完成情况。

(三)第 2 季度经营

1. 点击"当季开始"按钮,开始第 2 季度经营。自动完成还本付息/更新短贷款、更新生产/完工入库、生产线完工/转产完工。

2. "短期贷款"不需要,可以不用点击操作。

3. 点击"更新原料库",企业运营继续进行下去。

4. "下原料订单"、"购置厂房"、"新建生产线"不需要,不用点击操作。

5. 点击"在建生产线",弹出在建生产线窗口,还剩余 3 个季度。

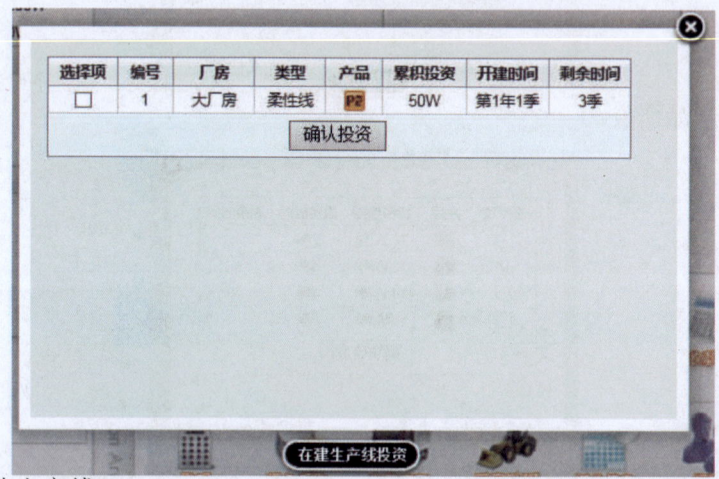

选中 P2 柔性生产线。

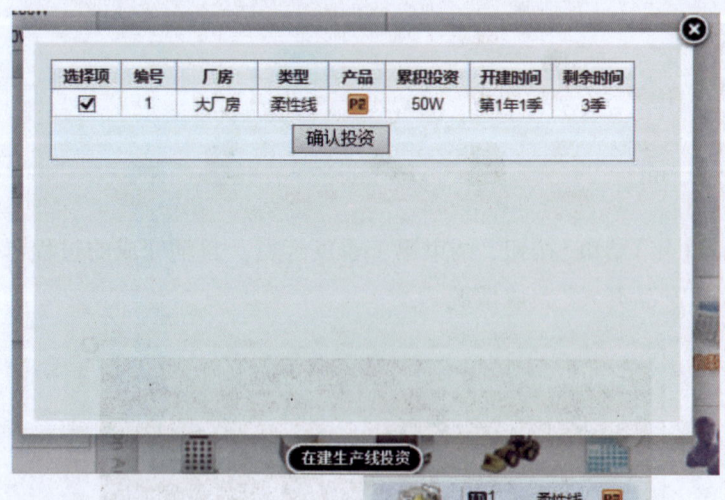

点击"确认投资"后,营业区生产线变成了 。

6. "继续转产"按钮不需要,可以不去点击操作。

7. 点击"应收款更新"按钮。

8. "按订单交货"和"厂房处理"按钮不需要,可以不去点击操作。

9. 点击"产品研发"按钮,弹出产品研发窗口。剩余时间还剩下 2 个季度。

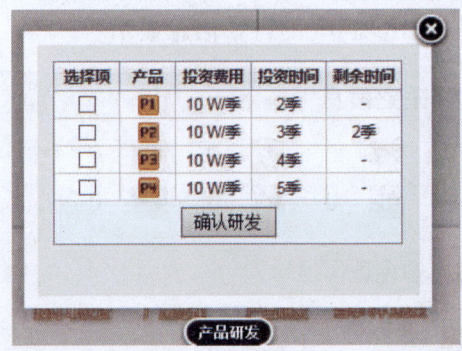

选择 P2 产品研发。

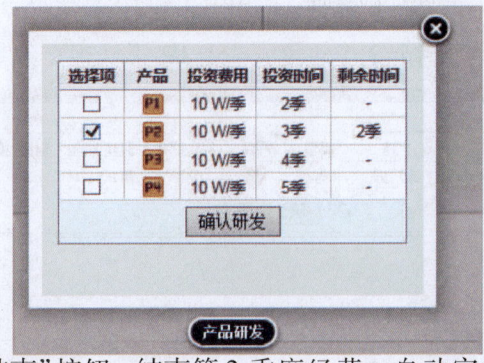

10. 点击"当季(年)结束"按钮，结束第 2 季度经营。自动完成支付行政管理费、支付租金、检查"产品开发"完成情况。

(四)第 3 季度经营

1. 点击"当季开始"按钮，开始第 3 季度经营。自动完成还本付息/更新短贷款、更新生产/完工入库、生产线完工/转产完工。

2. "短期贷款"不需要，可以不用点击操作。

3. 点击"更新原料库"，企业运营继续进行下去。

4. "下原料订单"。P2 产品需要 R2 和 R3。柔性生产线 4 个季度的安装周期，故第 2 年第 1 个季度可以使用。故，R3 原料需要提前 2 个季度，R2 需要提前 1 个季度。

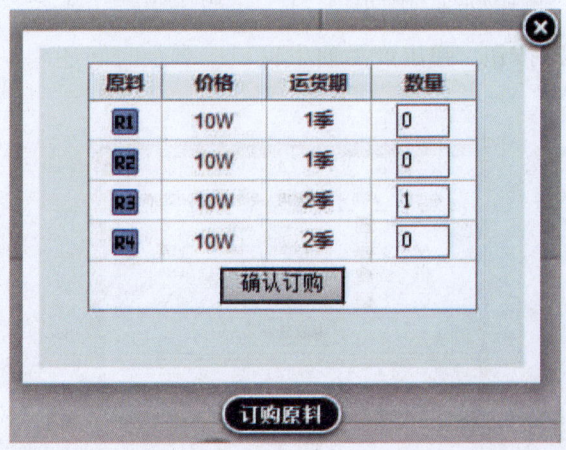

点击左侧的库存采购信息，出现 R3 的订单信息显示。

5. "购置厂房"、"新建生产线"不需要，不用点击操作。
6. 点击"在建生产线"，还剩余 2 个季度，选中 P2 柔性生产线。

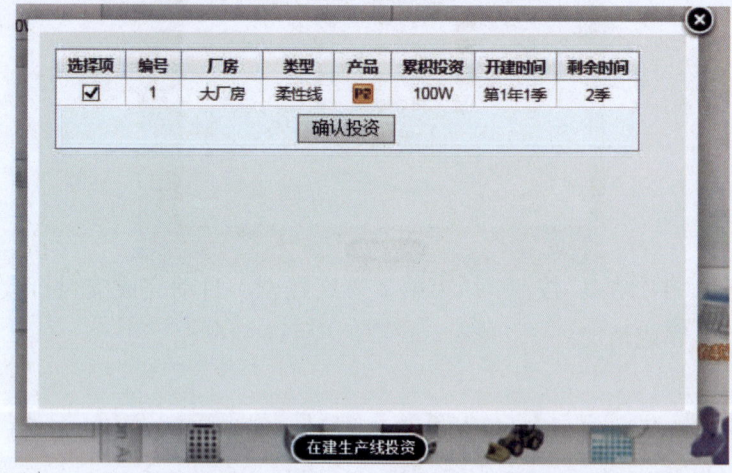

点击"确认投资"后，营业区生产线变成了  。

7. "继续转产"按钮不需要，可以不去点击操作。
8. 点击"应收款更新"按钮。
9. "按订单交货"和"厂房处理"按钮不需要，可以不去点击操作。
10. 点击"产品研发"按钮，弹出产品研发窗口。剩余时间还剩下 1 个季度。选择 P2 产品研发。

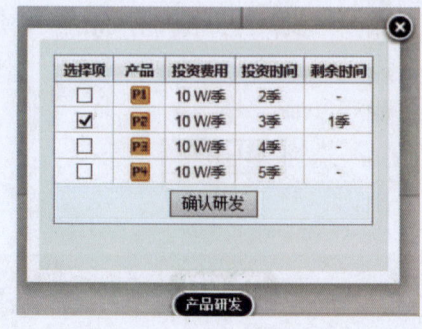

11. 点击"当季(年)结束"按钮,结束第 3 季度经营。自动完成支付行政管理费、支付租金、检查"产品开发"完成情况。点击左侧的研发认证信息,P2 生产资格证出现。

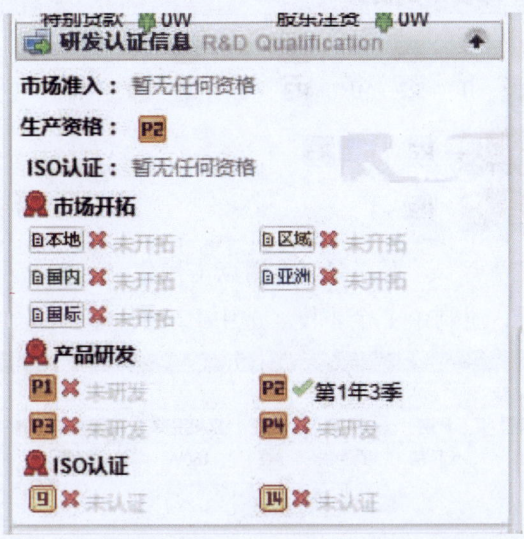

(五)第 4 季度经营

1. 点击"当季开始"按钮,开始第 4 季度经营。自动完成还本付息/更新短贷款、更新生产/完工入库、生产线完工/转产完工。

2. "短期贷款"不需要,可以不用点击操作。

3. 点击"更新原料库"。点击左侧的库存采购信息,出现 R3 的订单信息显示,。

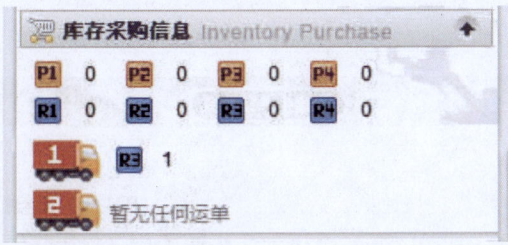

4. "下原料订单"。

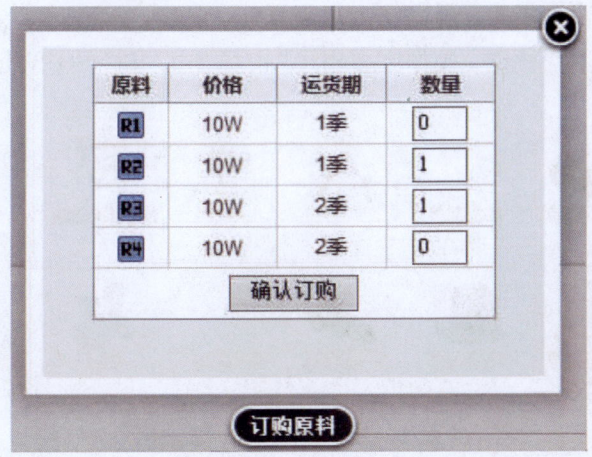

点击左侧的库存采购信息，出现 R2、R3 的订单信息显示。

5. "购置厂房"、"新建生产线"不需要，不用点击操作。
6. 点击"在建生产线"，还剩余 1 个季度，选中 P2 柔性生产线。

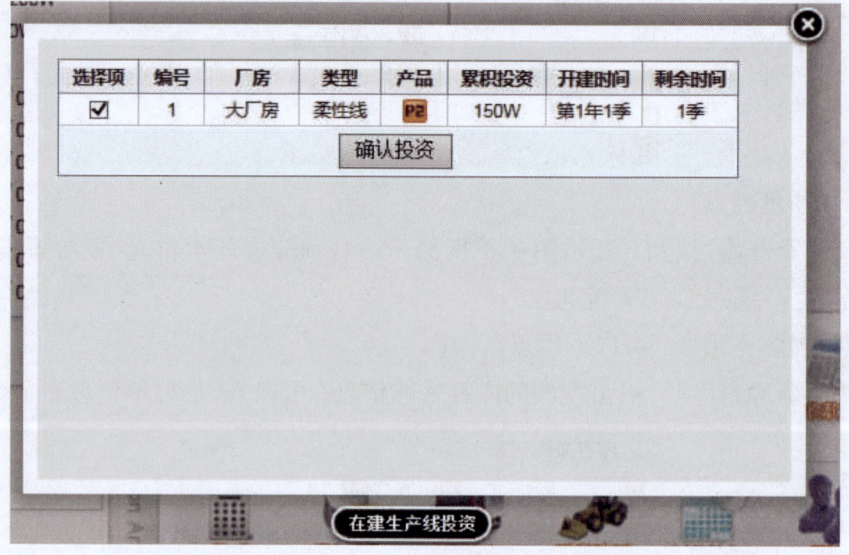

点击"确认投资"后，营业区生产线变成了  。

7. "继续转产"按钮不需要，可以不去点击操作。
8. 点击"应收款更新"按钮，操作区多出了"市场开拓"和"ISO 投资"两个按钮，如下图。

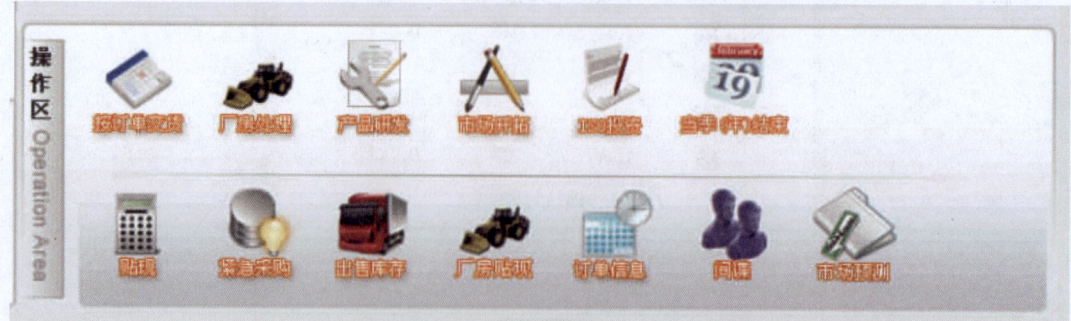

9. "按订单交货"和"厂房处理"按钮不需要，可以不去点击操作。

10. 点击"产品研发"按钮，弹出产品研发窗口。P2产品已研发完毕，不再出现。

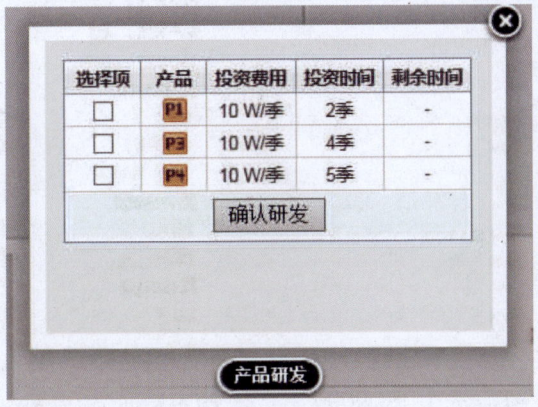

(六)年末经营

1. 点击"市场开拓"按钮。

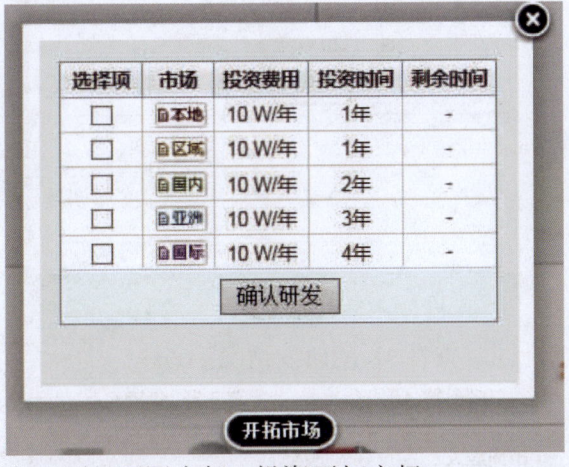

选中本地、区域、国内、亚洲、国际市场，投资开拓市场。

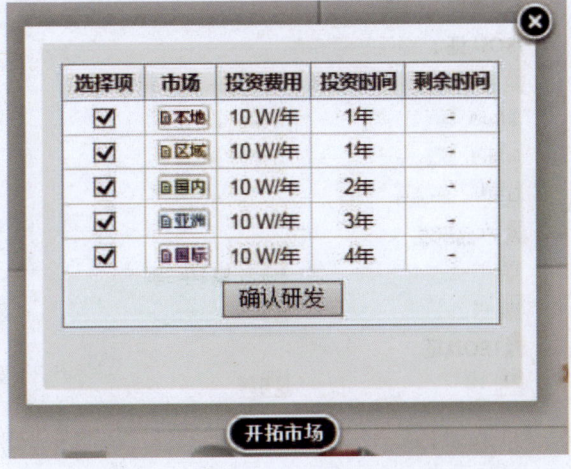

点击左侧的研发认证信息，对比市场开拓前后。

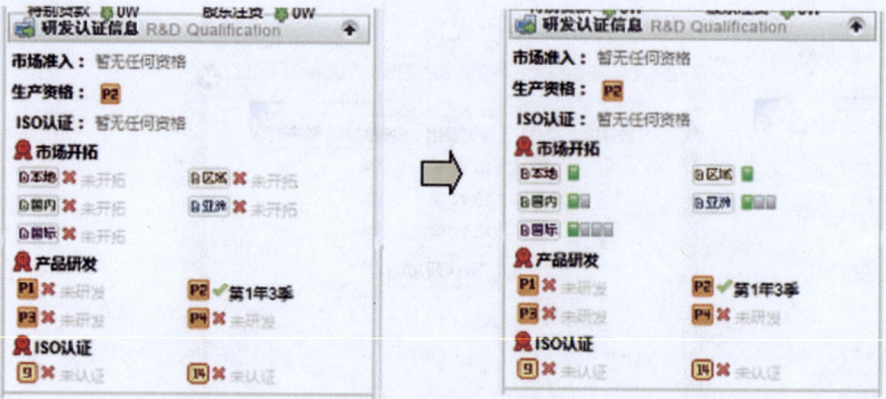

2. 点击"ISO 投资"按钮。选中 ISO9000，投资 ISO9K 研发。

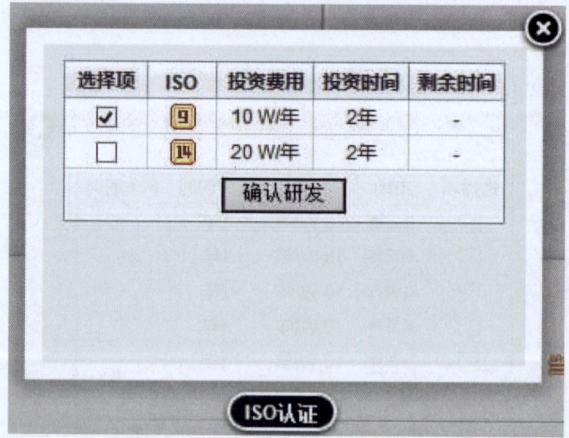

点击左侧的研发认证信息，查看 9K 的研发情况。

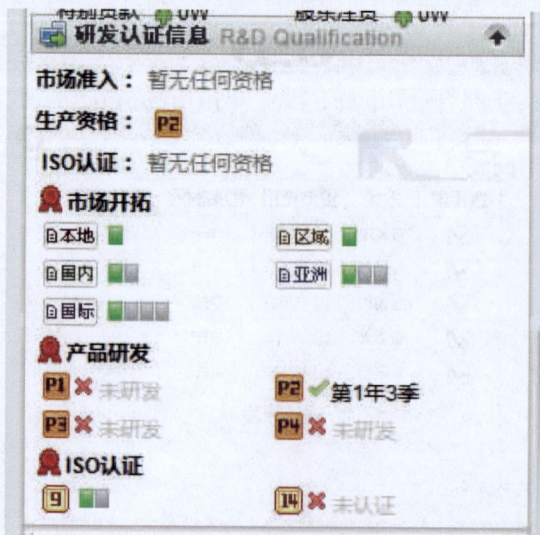

3. 点击"当季(年)结束"按钮，结束本年度所有经营。自动完成的过程包括支付行政管理费、支付租金、检查"产品开发"完成情况、检测"新市场开拓、ISO 资格认证投资"完成情况、

支付设备维修费、计提折旧、违约扣款。

"确定"后,操作区界面会发生改变,如下图:

(七)起始模拟经营年企业经营记录表

企业经营记录表

组别:_____ 第_____ 年		记录人:_____ 职务:_____	
企业经营流程 请按顺序执行下列各项操作。		每执行完一项操作,请在相应的方格内打勾。 同时在方格中填写现金收支情况,收入用+,支出用-。	
年初	年初规划会议/现金盘点	600	
	广告投放	√	
	参加订货会选订单/登记订单	√	
	支付应付税	√	
	支付长贷利息	√	
	更新长期贷款/长期贷款还款	√	
	申请长期贷款	600	

续表

1	季初盘点(请填余额)	1200	880	810	740
2	更新短期贷款/短期贷款还本付息	√	√	√	√
3	申请短期贷款	200	√	√	√
4	原材料入库/更新原料订单		√	√	√
5	下原料订单	√	√	1R3	1R2 1R3
6	购买/租用——厂房	−450	√	√	√
7	更新生产/完工入库		√	√	√
8	新建/在建/转产/变卖——生产线	−50	−50	−50	−50
9	紧急采购(随时进行)		√	√	√
10	开始下一批生产		√	√	√
11	更新应收款/应收款收现		√	√	√
12	按订单交货		√	√	√
13	产品研发投资	−10	−10	−10	√
14	厂房——出售(买转租)/退租/租转买	√	√	√	√
15	支付管理费	−10	−10	−10	−10
16	更新厂房租金		√	√	√
17	出售库存		√	√	√
18	厂房贴现		√	√	√
19	应收款贴现		√	√	√
20	季末收入合计	200	0	0	0
21	季末支出合计	−520	−70	−70	−60
22	季末数额对账[(1)+(21)+(22)]\	880	810	740	680
年末	缴纳违约订单罚款				0
	支付设备维护费				0
	计提折旧				(0)
	新市场开拓				−50
	ISO 资格投资				−10
	结账				620

(八) 起始模拟经营年综合管理费用明细表

项目	金额	备注
管理费	40	
广告费	0	
维修费	0	
租金	0	
转产费	0	
市场准入	50	☑本地 ☑区域 ☑国内 ☑亚洲 ☑国际
ISO 资格认证	10	☑ ISO9000 ☐ ISO14000
产品研发	30	P1( ) P2( ) P3( ) P4( )
其他	0	
合计	130	

(九) 起始模拟经营年利润表/损益表

项目	金额
销售收入	0
直接成本	0
毛利	0
综合费用	130
折旧前利润	−130
折旧	0
支付利息前利润	−130
财务支出	0
税前利润	−130
所得税	0
净利润	−130

(十) 起始模拟经营年资产负债表

项目	金额	项目	金额
现金	620	长期负债	600
应收款	0	短期负债	200
在制品	0	特别贷款	0
产成品	0	所得税	0
原材料	0	——	——
流动资产合计	620	负债合计	800
厂房	450	股东资本	600
生产线	0	利润留存	0
在建工程	200	年度净利	−130
固定资产合计	650	所有者权益合计	470
资产总计	1270	负债和所有者权益总计	1270

随时操作事项：

1. 操作区的  为经营过程中，随时可以进行点击操作的图标。

2. 当年经营结束后，点击"财务报表"图标，把编制好的资产负债表填上。

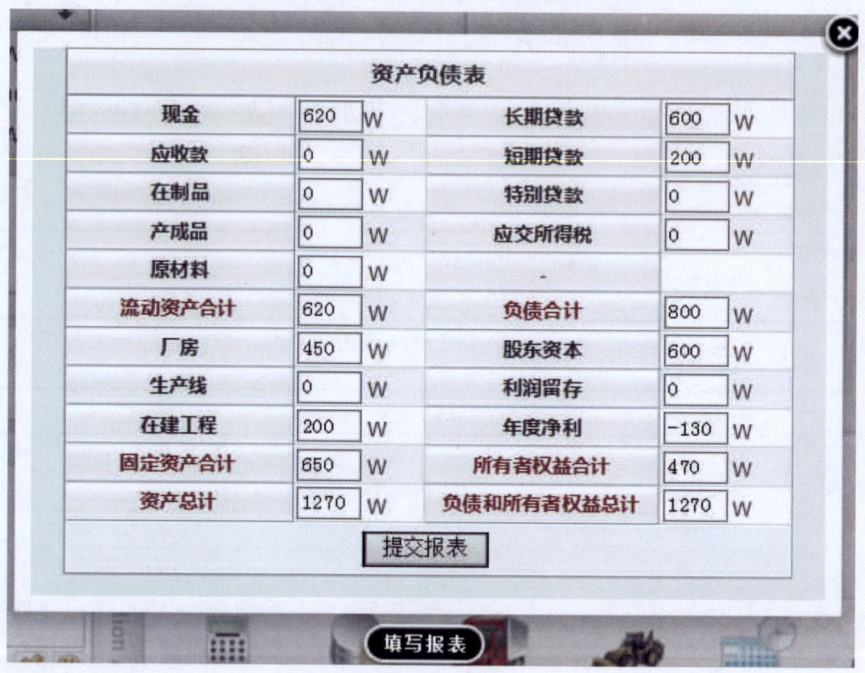

3. 点击"投放广告"，填写上广告金额。

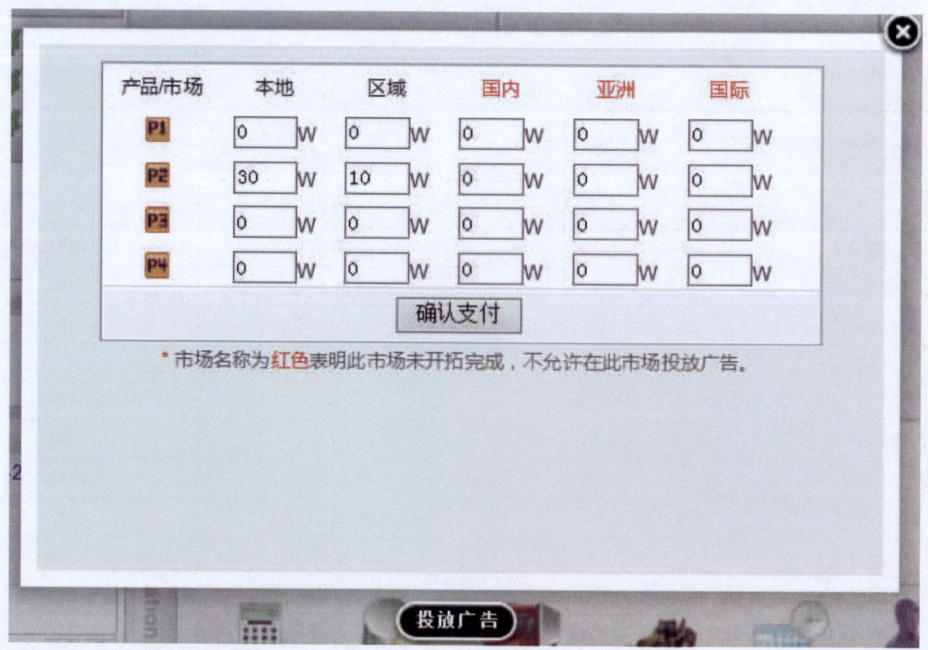

4. 点击"确认支付",将会开始第 2 年的经营。自动完成的过程包括支付广告费、支付所得税、还本付息/更新长期贷款。

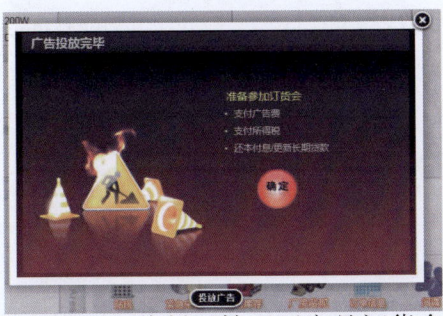

5. 等待全部企业完成企业经营后,裁判开始召开产品订货会。点击"参加订货会",进入第 2 年的产品订货会现场。开始订货会后,订货会窗口的最上方将会提醒正在选单的市场、产品、企业组号。

6. 根据提醒,点击相应的市场,进入该市场产品订货会现场。

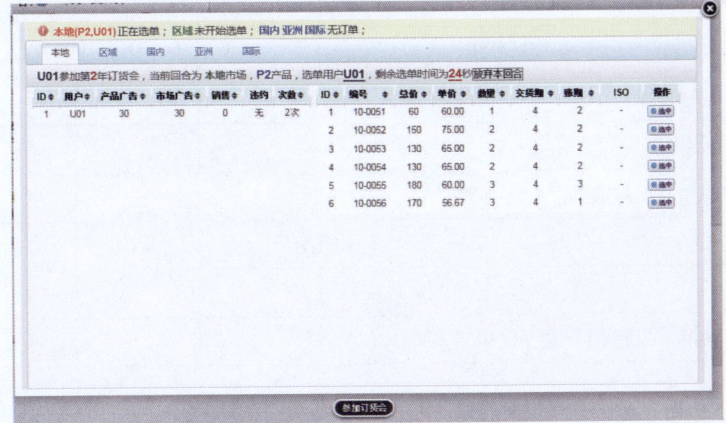

7. 根据产品单价、数量、交货期和账期，选择想要的订单，点击该订单一行的 按钮即可。因为网络会有延迟，一定不要等到 10 秒内再选，有可能订单丢失。所以，开始订货会以前，就要成员间讨论自己企业想要什么样的订单，有个大体的方向性后，在选单的时候，就比较轻松，不会出现最后几秒选订单的情形了。

四、企业正式经营第一年

股东资本为 600M。接下来，请等待裁判的指令！

1. 第 1 年企业经营记录表

企业经营记录表

组别：_____ 第_____ 年　　　　　　　记录人：_____ 职务：_____

企业经营流程 请按顺序执行下列各项操作。			每执行完一项操作,请在相应的方格内打勾。 同时在方格中填写现金收支情况,收入用＋,支出用－。			
年初	年初规划会议/现金盘点					
	广告投放					
	参加订货会选订单/登记订单					
	支付应付税					
	支付长贷利息					
	更新长期贷款/长期贷款还款					
	申请长期贷款					
1	季初盘点(请填余额)					
2	更新短期贷款/短期贷款还本付息					
3	申请短期贷款					
4	原材料入库/更新原料订单					
5	下原料订单					
6	购买/租用——厂房					
7	更新生产/完工入库					
8	新建/在建/转产/变卖——生产线					
9	紧急采购(随时进行)					
10	开始下一批生产					
11	更新应收款/应收款收现					
12	按订单交货					
13	产品研发投资					
14	厂房——出售(买转租)/退租/租转买					
15	支付管理费					

续表

16	更新厂房租金				
17	出售库存				
18	厂房贴现				
19	应收款贴现				
20	季末收入合计				
21	季末支出合计				
22	季末数额对账[(1)+(21)+(22)]\				
年末	缴纳违约订单罚款				
	支付设备维护费				
	计提折旧				( )
	新市场开拓				
	ISO资格投资				
	结账				

2. 第1年财务报表

(1)第1年综合管理费用明细表

项目	金额	备注
管理费		
广告费		
维修费		
租金		
转产费		
市场准入		□本地 □区域 □国内 □亚洲 □国际
ISO资格认证		□ ISO9000 □ 1SO14000
产品研发		P1( ) P2( ) P3( ) P4( )
其他		
合计		

(2) 第1年利润表/损益表

项目	金额
销售收入	
直接成本	
毛利	
综合费用	
折旧前利润	
折旧	
支付利息前利润	
财务支出	
税前利润	
所得税	
净利润	

(3) 第1年资产负债表

项目	金额	项目	金额
现金		长期负债	
应收款		短期负债	
在制品		应交所得税	
产成品		——	——
原材料		——	——
流动资产合计		负债合计	
厂房		股东资本	
生产线		利润留存	
在建工程		年度净利	
固定资产合计		所有者权益合计	
资产总计		负债和所有者权益总计	

3. 第1年笔记事项

五、企业正式经营第二年

1. 第 2 年广告费投放

组别：_____ 第 _____ 年

产品＼市场	本地	区域	国内	亚洲	国际
P1					
P2					
P3					
P4					

2. 第 2 年订单登记表

订单号										合计
市场										
产品										
数量										
账期										
销售额										
成本										
毛利										
未售										

3. 第 2 年企业经营记录表

企业经营记录表

组别：_____ 第 _____ 年　　　　　　　记录人：_____ 职务：

企业经营流程
请按顺序执行下列各项操作。

每执行完一项操作，请在相应的方格内打勾。
同时在方格中填写现金收支情况，收入用 +，支出用 −。

年初	年初规划会议/现金盘点			
	广告投放			
	参加订货会选订单/登记订单			
	支付应付税			
	支付长贷利息			
	更新长期贷款/长期贷款还款			
	申请长期贷款			
1	季初盘点（请填余额）			
2	更新短期贷款/短期贷款还本付息			

续表

3	申请短期贷款					
4	原材料入库/更新原料订单					
5	下原料订单					
6	购买/租用——厂房					
7	更新生产/完工入库					
8	新建/在建/转产/变卖——生产线					
9	紧急采购(随时进行)					
10	开始下一批生产					
11	更新应收款/应收款收现					
12	按订单交货					
13	产品研发投资					
14	厂房——出售(买转租)/退租/租转买					
15	支付管理费					
16	更新厂房租金					
17	出售库存					
18	厂房贴现					
19	应收款贴现					
20	季末收入合计					
21	季末支出合计					
22	季末数额对账[(1)+(21)+(22)]\					
年末	缴纳违约订单罚款					
	支付设备维护费					
	计提折旧					( )
	新市场开拓					
	ISO 资格投资					
	结账					

4. 第 2 年产品销售核算表

产品 \ 项目	P1	P2	P3	P4	合计
数量					
销售额					
成本					
毛利					

5. 第2年财务报表

(1) 第2年综合管理费用明细表

项目	金额	备注
管理费		
广告费		
维修费		
租金		
转产费		
市场准入		□本地　□区域　□国内　□亚洲　□国际
ISO资格认证		□ ISO9000　□ 1SO14000
产品研发		P1(　)　P2(　)　P3(　)　P4(　)
其他		
合计		

(2) 第2年利润表/损益表

项目	金额
销售收入	
直接成本	
毛利	
综合费用	
折旧前利润	
折旧	
支付利息前利润	
财务支出	
税前利润	
所得税	
净利润	

(3) 第2年资产负债表

项目	金额	项目	金额
现金		长期负债	
应收款		短期负债	
在制品		应交所得税	
产成品		——	——

续表

原材料		——	——
流动资产合计		负债合计	
厂房		股东资本	
生产线		利润留存	
在建工程		年度净利	
固定资产合计		所有者权益合计	
资产总计		负债和所有者权益总计	

3. 第2年笔记事项

六、企业正式经营第三年

1. 第3年广告费投放

组别：_____第_____年

市场 产品	本地	区域	国内	亚洲	国际
P1					
P2					
P3					
P4					

2. 第3年订单登记表

订单号									合计
市场									
产品									
数量									
账期									
销售额									
成本									
毛利									
未售									

3. 第 3 年企业经营记录表

企业经营记录表

组别：_____ 第_____ 年　　　　　　　　　　　记录人：_____ 职务：_____

	企业经营流程 请按顺序执行下列各项操作。		每执行完一项操作,请在相应的方格内打勾。 同时在方格中填写现金收支情况,收入用＋,支出用－。		
年初	年初规划会议/现金盘点				
	广告投放				
	参加订货会选订单/登记订单				
	支付应付税				
	支付长贷利息				
	更新长期贷款/长期贷款还款				
	申请长期贷款				
1	季初盘点(请填余额)				
2	更新短期贷款/短期贷款还本付息				
3	申请短期贷款				
4	原材料入库/更新原料订单				
5	下原料订单				
6	购买/租用——厂房				
7	更新生产/完工入库				
8	新建/在建/转产/变卖——生产线				
9	紧急采购(随时进行)				
10	开始下一批生产				
11	更新应收款/应收款收现				
12	按订单交货				
13	产品研发投资				
14	厂房——出售(买转租)/退租/租转买				
15	支付管理费				
16	更新厂房租金				
17	出售库存				
18	厂房贴现				
19	应收款贴现				
20	季末收入合计				

续表

21	季末支出合计				
22	季末数额对账[(1)+(21)+(22)]\				
年末	缴纳违约订单罚款				
	支付设备维护费				
	计提折旧				( )
	新市场开拓				
	ISO资格投资				
	结账				

4. 第3年产品销售核算表

项目＼产品	P1	P2	P3	P4	合计
数量					
销售额					
成本					
毛利					

5. 第3年财务报表

(1) 第3年综合管理费用明细表

项目	金额	备注
管理费		
广告费		
维修费		
租金		
转产费		
市场准入		□本地 □区域 □国内 □亚洲 □国际
ISO资格认证		□ISO9000 □1SO14000
产品研发		P1( ) P2( ) P3( ) P4( )
其他		
合计		

(2) 第 3 年利润表/损益表

项目	金额
销售收入	
直接成本	
毛利	
综合费用	
折旧前利润	
折旧	
支付利息前利润	
财务支出	
税前利润	
所得税	
净利润	

(3) 第 3 年资产负债表

项目	金额	项目	金额
现金		长期负债	
应收款		短期负债	
在制品		应交所得税	
产成品		——	——
原材料		——	——
流动资产合计		负债合计	
厂房		股东资本	
生产线		利润留存	
在建工程		年度净利	
固定资产合计		所有者权益合计	
资产总计		负债和所有者权益总计	

3. 第 3 年笔记事项

七、企业正式经营第四年

1. 第4年广告费投放

组别：_____第_____年

产品＼市场	本地	区域	国内	亚洲	国际
P1					
P2					
P3					
P4					

2. 第4年订单登记表

订单号										合计
市场										
产品										
数量										
账期										
销售额										
成本										
毛利										
未售										

3. 第4年企业经营记录表

企业经营记录表

组别：_____第_____年　　　　记录人：_____职务：_____

企业经营流程		每执行完一项操作，请在相应的方格内打勾。
请按顺序执行下列各项操作。		同时在方格中填写现金收支情况，收入用＋，支出用－。

年初	年初规划会议/现金盘点		
	广告投放		
	参加订货会选订单/登记订单		
	支付应付税		
	支付长贷利息		
	更新长期贷款/长期贷款还款		
	申请长期贷款		
1	季初盘点（请填余额）		
2	更新短期贷款/短期贷款还本付息		

续表

3	申请短期贷款				
4	原材料入库/更新原料订单				
5	下原料订单				
6	购买/租用——厂房				
7	更新生产/完工入库				
8	新建/在建/转产/变卖——生产线				
9	紧急采购(随时进行)				
10	开始下一批生产				
11	更新应收款/应收款收现				
12	按订单交货				
13	产品研发投资				
14	厂房——出售(买转租)/退租/租转买				
15	支付管理费				
16	更新厂房租金				
17	出售库存				
18	厂房贴现				
19	应收款贴现				
20	季末收入合计				
21	季末支出合计				
22	季末数额对账[(1)+(21)+(22)]\				
年末	缴纳违约订单罚款				
	支付设备维护费				
	计提折旧				( )
	新市场开拓				
	ISO 资格投资				
	结账				

4. 第 4 年产品销售核算表

产品\项目	P1	P2	P3	P4	合计
数量					
销售额					
成本					
毛利					

5. 第 4 年财务报表

(1) 第 4 年综合管理费用明细表

项目	金额	备注
管理费		
广告费		
维修费		
租金		
转产费		
市场准入		□本地　□区域　□国内　□亚洲　□国际
ISO 资格认证		□ ISO9000　□ 1SO14000
产品研发		P1(　)　P2(　)　P3(　)　P4(　)
其他		
合计		

(2) 第 4 年利润表/损益表

项目	金额
销售收入	
直接成本	
毛利	
综合费用	
折旧前利润	
折旧	
支付利息前利润	
财务支出	
税前利润	
所得税	
净利润	

(3) 第 4 年资产负债表

项目	金额	项目	金额
现金		长期负债	
应收款		短期负债	
在制品		应交所得税	
产成品		——	——

续表

原材料		——		——	
流动资产合计		负债合计			
厂房		股东资本			
生产线		利润留存			
在建工程		年度净利			
固定资产合计		所有者权益合计			
资产总计		负债和所有者权益总计			

3. 第 4 年笔记事项

八、企业正式经营第五年

1. 第 5 年广告费投放

组别：＿＿＿＿第＿＿＿＿年

产品＼市场	本地	区域	国内	亚洲	国际
P1					
P2					
P3					
P4					

2. 第 5 年订单登记表

订单号									合计
市场									
产品									
数量									
账期									
销售额									
成本									
毛利									
未售									

3. 第5年企业经营记录表

企业经营记录表

组别：___第___年			记录人：___职务：___			
企业经营流程 请按顺序执行下列各项操作。			每执行完一项操作，请在相应的方格内打勾。 同时在方格中填写现金收支情况，收入用+，支出用-。			
年初		年初规划会议/现金盘点				
		广告投放				
		参加订货会选订单/登记订单				
		支付应付税				
		支付长贷利息				
		更新长期贷款/长期贷款还款				
		申请长期贷款				
	1	季初盘点(请填余额)				
	2	更新短期贷款/短期贷款还本付息				
	3	申请短期贷款				
	4	原材料入库/更新原料订单				
	5	下原料订单				
	6	购买/租用——厂房				
	7	更新生产/完工入库				
	8	新建/在建/转产/变卖——生产线				
	9	紧急采购(随时进行)				
	10	开始下一批生产				
	11	更新应收款/应收款收现				
	12	按订单交货				
	13	产品研发投资				
	14	厂房——出售(买转租)/退租/租转买				
	15	支付管理费				
	16	更新厂房租金				
	17	出售库存				
	18	厂房贴现				
	19	应收款贴现				
	20	季末收入合计				

续表

21	季末支出合计				
22	季末数额对账[(1)+(21)+(22)]\				
年末	缴纳违约订单罚款				
	支付设备维护费				
	计提折旧				( )
	新市场开拓				
	ISO 资格投资				
	结账				

4. 第 5 年产品销售核算表

项目＼产品	P1	P2	P3	P4	合计
数量					
销售额					
成本					
毛利					

5. 第 5 年财务报表

（1）第 5 年综合管理费用明细表

项目	金额	备注
管理费		
广告费		
维修费		
租金		
转产费		
市场准入		□本地　□区域　□国内　□亚洲　□国际
ISO 资格认证		□ ISO9000　□1SO14000
产品研发		P1( )　P2( )　P3( )　P4( )
其他		
合计		

(2) 第 5 年利润表/损益表

项目	金额
销售收入	
直接成本	
毛利	
综合费用	
折旧前利润	
折旧	
支付利息前利润	
财务支出	
税前利润	
所得税	
净利润	

(3) 第 5 年资产负债表

项目	金额	项目	金额
现金		长期负债	
应收款		短期负债	
在制品		应交所得税	
产成品		——	——
原材料		——	——
流动资产合计		负债合计	
厂房		股东资本	
生产线		利润留存	
在建工程		年度净利	
固定资产合计		所有者权益合计	
资产总计		负债和所有者权益总计	

3. 第 5 年笔记事项

九、企业正式经营第六年

1. 第 6 年广告费投放

组别：_____ **第**_____ **年**

产品＼市场	本地	区域	国内	亚洲	国际
P1					
P2					
P3					
P4					

2. 第 6 年订单登记表

订单号									合计
市场									
产品									
数量									
账期									
销售额									
成本									
毛利									
未售									

3. 第 6 年企业经营记录表

企业经营记录表

组别：_____ **第**_____ **年**　　　　　　　　　　**记录人：**_____ **职务：**

企业经营流程

请按顺序执行下列各项操作。

每执行完一项操作，请在相应的方格内打勾。

同时在方格中填写现金收支情况，收入用＋，支出用－。

年初	年初规划会议/现金盘点		
	广告投放		
	参加订货会选订单/登记订单		
	支付应付税		
	支付长贷利息		
	更新长期贷款/长期贷款还款		
	申请长期贷款		
1	季初盘点（请填余额）		
2	更新短期贷款/短期贷款还本付息		

续表

3	申请短期贷款					
4	原材料入库/更新原料订单					
5	下原料订单					
6	购买/租用——厂房					
7	更新生产/完工入库					
8	新建/在建/转产/变卖——生产线					
9	紧急采购(随时进行)					
10	开始下一批生产					
11	更新应收款/应收款收现					
12	按订单交货					
13	产品研发投资					
14	厂房——出售(买转租)/退租/租转买					
15	支付管理费					
16	更新厂房租金					
17	出售库存					
18	厂房贴现					
19	应收款贴现					
20	季末收入合计					
21	季末支出合计					
22	季末数额对账[(1)+(21)+(22)]\					
年末	缴纳违约订单罚款					
	支付设备维护费					
	计提折旧					( )
	新市场开拓					
	ISO 资格投资					
	结账					

4. 第 6 年产品销售核算表

项目 \ 产品	P1	P2	P3	P4	合计
数量					
销售额					
成本					
毛利					

5. 第 6 年财务报表

(1) 第 6 年综合管理费用明细表

项目	金额	备注
管理费		
广告费		
维修费		
租金		
转产费		
市场准入		□本地 □区域 □国内 □亚洲 □国际
ISO 资格认证		□ ISO9000 □ ISO14000
产品研发		P1( ) P2( ) P3( ) P4( )
其他		
合计		

(2) 第 6 年利润表/损益表

项目	金额
销售收入	
直接成本	
毛利	
综合费用	
折旧前利润	
折旧	
支付利息前利润	
财务支出	
税前利润	
所得税	
净利润	

(3) 第 6 年资产负债表

项目	金额	项目	金额
现金		长期负债	
应收款		短期负债	
在制品		应交所得税	
产成品		——	——

续表

原材料		——	——
流动资产合计		负债合计	
厂房		股东资本	
生产线		利润留存	
在建工程		年度净利	
固定资产合计		所有者权益合计	
资产总计		负债和所有者权益总计	

3. 第 6 年笔记事项

项目六　EXCEL 工具设计

【能力目标】

掌握 ERP 沙盘比赛中现金流的实施监控。现金在 ERP 沙盘比赛中起着非常重要的作用，许多参赛者都会因资金流的断裂而宣告破产。本项目根据 ERP 沙盘比赛中的具体规则，充分利用 Excel 编制了一张现金流分析表，通过该表可以很好地解决参赛中遇到的现金短缺问题，为参赛者提供有力的决策建议。

【项目引例】

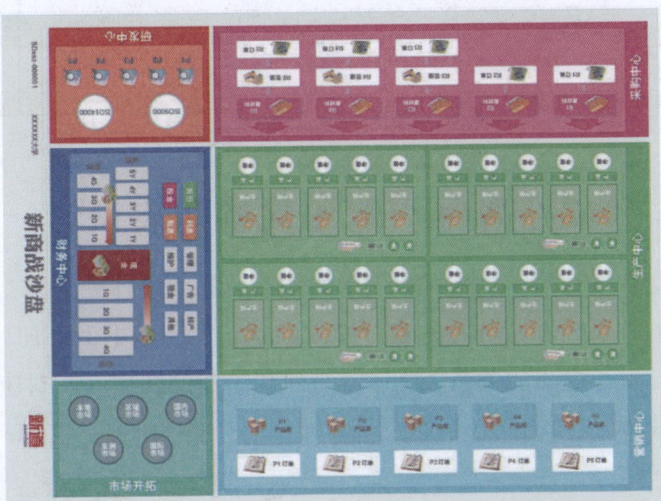

ERP 模拟沙盘比赛中每一个团队经营一个拥有一定资产的销售良好、资金充裕的虚拟公司，连续从事 6 个会计年度的经营活动，最后以经营成果评定胜负。然而，在比赛中经常会出现一些队伍因为缺乏现金，无法正常运营，完不成订单任务而退出比赛。

这主要是由以下原因造成的：①赛前未能进行一个财务预算规划，不能合理地分配资金的使用。②错误地把一些到年末才能实现的收入作为已有现金去进行生产经营的规划。③手工地进行生产计划推演和财务预算，易出现错误、效率低下，且不易发现现金短缺问题。因此，在 ERP 沙盘模拟中，需要重视资金流的管理。现金流可谓是虚拟企业竞争中胜负的关键，同时也是现实中企业在市场条件下能否顺利发展的关键。为此，本项目在参赛中通过运用自主设计开发的一套基于 Excel 编写的一个简单现金流分析系统，充分预测现金流的使用状况，为企业合理使用现金提供了充分的参考依据。

6.1 简易 EXCEL 中职比赛工具

中职组比赛简易经营过程记录表设计，设计过程及简易关系见下图，制作时注意各个单元格之间的关系。

	A	B	C	D	E	F
1	1	期初现金				
2		广告费				
3		应付税				
4		长贷利息				
5		申请长贷				
6		现金盘点	=C1+C2+C3+C4+C5	=C29	=D29	=E29
7		贴现				
8		贴现费用				
9		短贷				
10		短贷还款				
11		现金盘点	=C6+C7+C8-C9-C10	=D6+D7+D8-D9-D10	=E6+E7+E8-E9-E10	=F6+F7+F8-F9-F10
12		申请短贷				
13		原材料入库				
14		下原材料订单				
15		购租厂房				
16		新建生产线				
17		紧急采购				
18		开始生产				
19		现金盘点	=C11+C12+C13+C15+C16+C17+C18	=D11+D12+D13+D15+D16+D17+D18	=E11+E12+E13+E15+E16+E17+E18	=F11+F12+F13+F15+F16+F17+F18
20		应收款更新				
21		产品研发				
22		厂房租转买				
23		市场ISO				
24		管理费	-1	-1	-1	-1
25		现金盘点	=C19+C20+C21+C22+C24	=D19+D20+D21+D22+D24	=E19+E20+E21+E22+E24	=F19+F20+F21+F22+F24+F23
26		违约金				
27		维修费				
28		折旧				
29		现金盘点	=C25	=D25	=E25	=F25+F26+F27
30						

6.2 高（中）职组比赛用表设计

高（中）职比赛，在 EXCEL 表中，相差 10 的倍数，具体设计见下图。在制作过程中，注意各个单元格之间的关系，第一张图是第一年的经营记录，其中 EXCEL 函数在图中已经显示，设计过程注意行与行之间的关系，最好行与列和给定的图一一对应。第二张图是第二年的经营记录，和后面三、四、五、六年的记录设计相同。第一张图：

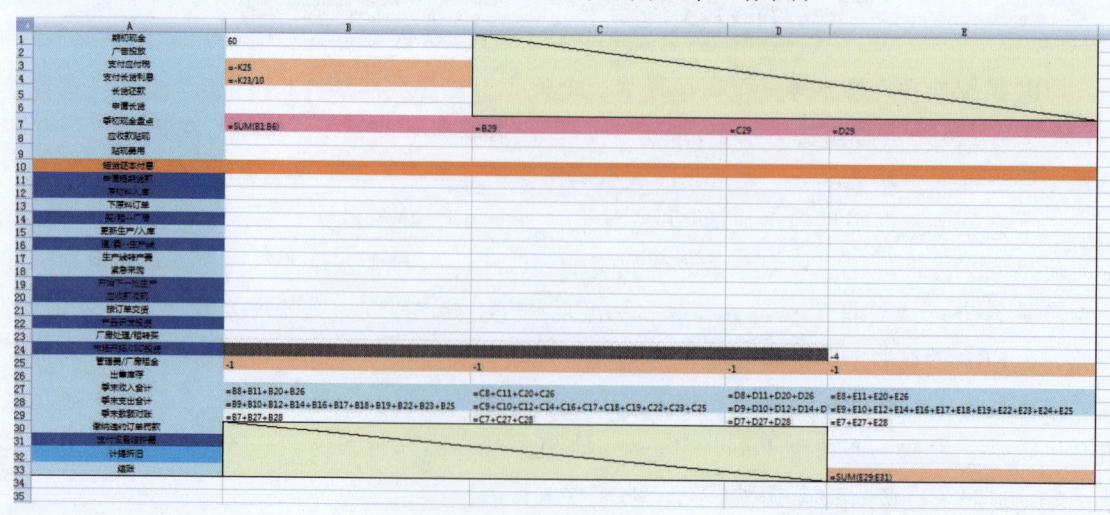

项目六　沙盘工具

第二张图：

	F	G	H	I	J	K	L
1		综合费用表			利润表		
2		项目	金额		项目	金额	
3		管理费	=-SUM(B25:E25)		销售收入	=L16	
4		广告费	=-B2		直接成本	=L17	
5		设备维护费	=-E31		毛利	=K3-K4	
6		损失			综合费用	=H13	
7		转产费	=-SUM(B17:E17)		折旧前利润	=K5-K6	
8		厂房租金			折旧	=E32	
9		新市场开拓	3		支付利息前利润	=K7-K8	
10		ISO资格认证	1		财务费用	=-SUM(B9:E9)+K23/10+K24/20	
11		产品研发	=-SUM(B22:E22)		税前利润	=K9-K10	
12		信息费			所得税		
13		合计	=SUM(H3:H12)		年度净利润	=K11-K12	
14			P1	P2	P3	P4	合计
15		数量					=SUM(H15:K15)
16		销售额					=SUM(H16:K16)
17		成本	=2*H15	=3*I15	=4*J15	=5*K15	=SUM(H17:K17)
18		毛利	=H16-H17	=I16-I17	=J16-J17	=K16-K17	=SUM(H18:K18)
19		本年度库存数量					=2*H19+3*I19+4*J19+5*K19
20					资产负债表		
21		项目	金额		项目	金额	
22			期初	期末	负债：	期初	期末
23		现金		=E33	长期负债		=B6+K23
24		应收款			短期负债		=SUM(B11:E11)
25		在制品			应交所得税		=K12
26		产成品		=L19			
27		原材料					
28		流动资产合计	=SUM(H23:H27)	=SUM(I23:I27)	负债合计	=SUM(K23:K25)	=SUM(L23:L25)
29		厂房		30	股东资本		60
30		生产线			利润留存		=K30+K31
31		在建工程		30	年度净利润		=K13
32		固定资产合计	=SUM(H29:H31)	=SUM(I29:I31)	权益合计	=SUM(K29:K31)	=SUM(L29:L31)
33		资产总计	=H28+H32	=I28+I32	负债和权益总计	=K28+K32	=L28+L32

参 考 文 献

【1】何晓岚. ERP沙盘模拟实用教程(实物+电子). 第3版. 北京:北京航空航天大学出版社, 2014.

【2】王新玲、郑文昭. ERP沙盘模拟高级指导教程. 第3版. 北京:清华大学出版社, 2014.

【3】张前. ERP沙盘模拟原理与实训. 北京:清华大学出版社, 2013.

【4】王国志. ERP沙盘模拟实训教程. 北京:清华大学出版社, 2015.

【5】李家华. 创业基础. 北京:北京师范大学出版社, 2013.

【6】龚秀敏. 创业基础与能力训练. 北京:北京大学出版社, 2016.

【7】孙宜彬、薛彦登、于美玲. ERP沙盘模拟实战经营. 北京:煤炭工业出版社, 2015.

读者反馈意见

亲爱的读者：

　　感谢您对《ERP沙盘模拟企业经营》的学习和热爱！为了今后能给您提供更优质的服务，请您抽出宝贵时间填写下面意见反馈表，以便我们更好地对本教材做进一步的改进。同时如果您在使用本教材的过程中遇到了什么问题，或者有什么好的建议，也请您来信、来电告诉我们。

　　地址：北京市丰台区科学城南极星大厦108室　　邮编：100070
　　电话：010-61229894 /83794403
　　电子邮箱：caikai6223@263.net　QQ：649319527　1694299827

教材名称：《ERP沙盘模拟企业经营》
个人资料：
姓名：_____ 年龄：_____ 所在院校/专业_____
文化程度：_____ 通讯地址：_____
联系电话：_____ 电子信箱：_____
您使用本书是作为：□指定教材、□选用教材、□辅导教材
您对封面设计的满意度：
□很满意、□满意、□一般、□不满意　改进建议_____
您对本书印刷质量的满意度：
□很满意、□满意、□一般、□不满意　改进建议_____
您对本书的总体满意度：
从语言质量角度看：□很满意、□满意、□一般、□不满意
从科技含量角度看：□很满意、□满意、□一般、□不满意
本书最令您满意的是：
□指导明确　□内容充实　□讲解详尽　□实例丰富
您认为本书在哪些地方应进行修改？（可附页）
_____
_____

您希望本书在哪些方面需进行改进？（可附页）
_____
_____